网络安全法
不得不说的事

周新喆　吴　静——著

青岛出版集团 ｜ 青岛出版社

图书在版编目（CIP）数据

网络安全法不得不说的事 / 周新喆，吴静著 .

青岛：青岛出版社，2025. -- ISBN 978-7-5736-3295-1

Ⅰ . D922.17

中国国家版本馆 CIP 数据核字第 2025XK6445 号

山东省社会科学普及应用重点项目（编号：2017SKZZ25）研究成果

	WANGLUO ANQUANFA BU DE BU SHUO DE SHI
书　　名	网络安全法不得不说的事
著　　者	周新喆　吴　静
出版发行	青岛出版社（青岛市崂山区海尔路 182 号，266061）
本社网址	http://www.qdpub.com
邮购电话	0532-68068091
策　　划	刘　坤
责任编辑	刘芳明
内文排版	戊戌同文
印　　刷	青岛海蓝印刷有限责任公司
出版日期	2025 年 6 月第 1 版　2025 年 6 月第 1 次印刷
开　　本	16 开（710mm×1000mm）
印　　张	13.25
字　　数	200 千
书　　号	ISBN 978-7-5736-3295-1
定　　价	46.00 元

编校印装质量服务电话 4006532017　0532-68068050

编校印装质量服务

目　录

前言

在以物联网、云计算、移动互联网和大数据为代表的新一轮信息技术革命推动下，中国社会正加速迈向数字文明时代。截至2024年12月，我国网民规模达11.08亿人，互联网普及率达78.6%。互联网正在深刻地影响我国经济社会各个领域和百姓生活的方方面面。

但随着网络技术的快速发展，网络安全问题也接踵而至。网络空间并非"法外之地"。习近平总书记在全国网络安全和信息化工作会议上指出："没有网络安全就没有国家安全，就没有经济社会稳定运行，广大人民群众利益也难以得到保障。""要把依法治网作为基础性手段，继续加快制定完善互联网领域法律法规，推动依法管网、依法办网、依法上网，确保互联网在法治轨道上健康运行。"

以法奠基，方能固本。治网之道，法治为本。《中华人民共和国网络安全法》（以下简称《网络安全法》）的出台具有里程碑式的意义。它不仅是贯彻中央全面依法治国战略部署、落实习近平总书记重要讲话精神的重要举措，也是党的十八大以来我国互联网治理模式转变和治理能力提升的一个缩影。从此，我国的网络安全工作有了基础性的法律框架。

从国家安全角度来说，普及《网络安全法》对于保障网络安全、维护网络空间主权具有重大意义；从社会治理角度来看，普及《网络安全法》有助于政府职能管理部门明确职责，统筹协调网络安全工作和监督管理工作，依法有效开展网络空间治理，保护社会公共利益；从产业角度来看，普及《网络安全法》能促使网络运营者依法履行网络安全义务，确保网络信息产业健康规范发展；从公众角度来看，普及《网络安全法》将使得公众能够利用该法加强对个人隐私和信息安全的保护，有效维护自身的正当权益。

　　《网络安全法》与国家社会发展和百姓生活息息相关，但法律法规的艰深晦涩却无形中拉远了它与大众的距离。因此，本书旨在面向社会大众，普及《网络安全法》的相关知识。为了增强可读性，促进法律知识的广泛传播，消减读者对法律条文产生的"望而生畏"的心理，本书采用了"以案释法"的编写体例。针对每一个热点问题，本书首先通过故事性强、影响力大、内容贴近百姓实际的真实案例引出《网络安全法》的相关内容；然后将实践与理论知识巧妙结合，在案例分析部分点出故事背后蕴含的法律知识；最后，每篇文章结尾设置了"为您支招"板块，为读者提供了类似网络安全问题的解决方案，旨在助力"零基础"的读者能够快速掌握网络"防身术"，避免"踩坑"和重蹈覆辙。

　　本书精选了《网络安全法》实施以来具有代表性的真实案例，并进行了分类解读和分析。全书共分为十章：第一章聚焦当下较为严峻的公民个人信息泄露案例；第二章着重介绍了黑客、非法入侵和控制计算机系统等案例；第三章分析了手段不断翻新的网络诈骗案例；第四章阐述了网络黄赌毒的相关案例；第五章重点分析网络造谣与敲诈勒索的案例；第六章涉及网络侮辱、诽谤、侵害名誉隐私的案例；第七章聚焦网络侵犯知识产权的热点案例；第八章重点分析网购纠纷、网络服务纠纷、域名纠纷等案例；第九章介绍了网络黑色产业链、网络信贷等领域的案例；第十章则专门讨论了未成年人与老年人遭受网络侵害的案例。

　　本书旨在通过六十个真实鲜活的案例，向广大公众传播和普及网络安全的理念，深入浅出地介绍网络安全的相关法律知识，搭建维护网络空间命运共同体的交流平台，从而增加网络运营者和网民的相关法律知识储备，提升他们的网络安全法律意识，使他们能够依照《网络安全法》的规定规范自己的行为，并有效保护自身的合法权益。同时，本书还致力于培养读者必备的网络防护技能，让读者知法而自警，依法而自卫。

第一章　侵犯公民个人信息

• 谁"偷"走了我们的个人信息？

如今，个人手机接到骚扰来电已经成为一个普遍的社会问题。一次次拒绝，又一次次响起，大家在不胜其烦的同时，是否想过电话号码等个人信息是怎样泄露的？在当下这个"万物皆媒"的信息时代，伴随网络技术及信息交互的飞速发展，信息的记录、获取、保存、使用、流转和传播变得更为简单便捷。不法分子通过非法数据采集软件、网贷公司的推广平台、私家侦探调查、伪造成绩排名查询网站、假借官方机构名义或窃取楼盘购买者信息等花样百出的手段，窃取用户姓名、电话号码、家庭住址、银行账号等隐私数据，用于非法活动。如何有效保护我们的个人信息，已经是一个迫在眉睫的问题。本章通过分析近年来相关案例，为读者提供一定的借鉴和参考。

一、数据采集软件无界扩张　个人信息禁区岌岌可危

侵犯公民个人信息的案件屡禁不止，个人信息的泄露容易引发诈骗、绑架、敲诈勒索等一系列犯罪活动。公民个人信息泄露的途径多种多样，在互联网快速发展的今天，软件泄露已成为泄露个人信息的重要途径之一。本次案件中，姚某利用公司提供的"某爪鱼"数据采集软件非法获取并出售用户个人信息，以此牟利，踩到了法律的红线。

🅰 案例回放

姚某曾在深圳市某电子商务有限公司从事信息的收集、整理工作。在职期间，姚某多次利用公司提供的"某爪鱼"数据采集软件非法获取公民个人信息，并出售给他人。据警力统计，姚某已出售公民个人信息19万余条。

从2017年3月开始，姚某就以贩卖公民个人信息为手段牟利。他与一位买家在网络上建立联系，然后利用"某爪鱼"数据采集软件非法获取买家需要的公民个人信息，并将所收集的公民个人信息整理后，通过邮箱发送给买家。这两个包含个人信息的文档共有公民个人信息11万余条，其中部分信息为随州市公民个人信息。买家收到文档后，随即向姚某支付了700元。

同月，胡某通过某信与姚某联系，要求姚某帮忙收集重庆地区的公民个人信息。姚某表示同意，随后将非法获取的重庆地区的公民个人信息整

理后，以文档的方式发送给胡某。之后，胡某向姚某支付了 225 元。

此后，有一人通过网络平台与姚某取得联系，欲购买保险代理人方面的公民个人信息。姚某同意后，利用"某爪鱼"数据采集软件非法获取公民个人信息 6 万余条，并将这些信息整理为文档，通过邮箱将该文档发送给此人。此人收到上述文档后，随即向姚某支付了 600 元。

2017 年 6 月，北京市公安局通州分局中仓派出所民警在姚某租住的房屋中将其抓获。2018 年 7 月，湖北省随县人民法院以侵犯公民个人信息罪判处姚某有期徒刑三年，缓刑三年，并处罚金七千元。

📖 案例分析

近年来，随着网络科技的发展，侵犯公民个人信息犯罪呈现多发态势。由公民个人信息的泄露所引发的一系列诈骗、绑架、敲诈勒索等犯罪案件，严重侵害了公民的人身财产安全，扰乱了社会秩序，引发了社会信任危机。

《中华人民共和国网络安全法》第七十六条第五项规定："个人信息，是指以电子或者其他方式记录的能够单独或者与其他信息结合识别自然人个人身份的各种信息，包括但不限于自然人的姓名、出生日期、身份证件号码、个人生物识别信息、住址、电话号码等。"本案中，姚某为牟取非法利益，在履行工作职责，为用户提供服务时，获取了大量公民信息，并将其非法出售，数量达 19 万余条，情节十分严重。姚某的行为违反了国家保护公民个人信息的相关规定，侵犯了公民个人信息的自由和安全，已构成侵犯公民个人信息罪。

个人信息泄露的危害极大。除了垃圾短信、邮件、骚扰电话频繁骚扰外，不法分子还可能利用公民的个人信息办理证件，或者在网上办理各种信用卡来恶意透支消费，而银行最后可能会直接将欠款的催款单寄给身份证的主人。更有甚者，个人信息泄露可能会导致个人被列入失信名单。不法分子还可能利用个人信息伪造身份，从事违法活动。即便最终能够自证清白，但这一过程中无疑会给个人带来诸多不必要的麻烦和困扰。因此，个人信息泄露不仅会给个人带来损失，也会加大执法部门的调查难度。

另外，本案中的姚某获得信息的途径为通过某服务机构的服务软件。

事实上，金融、电信、医疗等机构在提供服务或履行职责的过程中会获得大量公民个人信息，因此这些单位往往容易成为侵犯公民个人信息犯罪的高发地。如本案中所提到的"某爪鱼"软件，就给姚某提供了可乘之机。姚某利用职务之便收集个人信息用于非工作用途，已然触犯了法律底线。个人信息在一定范围内属于个人隐私，公民享有保护个人信息不受侵犯的权利。法律不容许任何人非法获取公民个人信息，也不允许任何人将公民个人信息进行非法经营或私自交易。个人信息一旦泄露，极易带来不可估量的后果，因此我们在日常生活中一定要警惕此类事件。

🔒 **为您支招**

1. 注意系统提示的权限信息。例如，对"访问通讯录""获取地理位置信息""发送短信"等权限申请要谨慎对待，避免因随意授权而导致个人信息泄露。

2. 遇到不熟悉的软件时，一定要先上网搜索确认其安全性，且尽量选择官方渠道下载。

3. 用户要警惕未知来电，对来电内容不轻信。如果发现有违法行为，一定要及时报警。

二、接到贷款推销电话 我的信息被谁泄露了

"请问您需要贷款服务吗？我们网站现在的贷款利息很低，手续几步就能办好……"当接到这类推销电话的时候，你有没有想过网络贷款是什么？而电话另一头的人又是怎么知道你的信息的？这其中的真相可能令人不安——我们的个人信息可能已经被非法泄露。下面这个案件就揭示了一家电子商务公司以推广网贷为幌子，实则从事贩卖公民个人信息勾当的行径。

案例回放

在当前创业潮涌动的时代背景下，很多人因创业缺乏资金而选择贷款。然而，现有的贷款模式步骤复杂、手续烦琐且利率较高。网贷模式的出现弥补了传统贷款的不足。网络贷款是指借款人和贷款人在网络平台实现借贷的"在线交易"。网络借贷市场的蓬勃发展帮助了很多创业者解决资金问题，但是由于市场监管不尽完备，有人竟利用网贷公司的推广平台开展倒卖公民个人信息的违法活动。

2018年上半年，广东省茂名市警方在当地抓获了一个利用买来的公民个人信息实施电信诈骗的犯罪团伙，并顺藤摸瓜，发现这些信息源自襄阳高新区。于是，2018年10月，茂名市公安局的专案组来到襄阳，两地警方通力合作，在襄阳万达写字楼发现了一个大型窝点。警方在襄阳万达等四个地方同时行动，控制了130多人。

这个大型窝点原是两家帮助网贷公司做推广的电子商务公司。网贷公司为了增加业务量、推广贷款业务，购买了大量的网贷数据，并让电话业务员逐个进行推销。网贷公司向推广公司提供了自己的后台账号和密码，使得这两家电子商务公司能够看到后台中客户的个人信息数据。这两家公司一方面给网贷公司做推广，另一方面把网贷客户的个人信息在各个网贷公司之间进行交换。在不断的信息交换中，他们积累了一定数量的个人信息数据，随后便开始在网上进行贩卖。

涉案人员所贩卖的大量个人信息，除了用于网贷公司的广告推销外，还有一部分被不法之徒用于电信诈骗或者其他违法犯罪活动。如果不是茂名警方抓捕电信诈骗团伙，进而牵扯出这一大型窝点，或许将会有更多的个人信息经由网贷推广平台泄露到不法分子手中，给个人和社会造成不可估量的损害。

案例分析

平时我们也会莫名其妙地接到一些陌生网贷公司的推销电话。明明我们没有在网上贷过款，为什么会接到这些骚扰电话？我们的个人信息或许就是这些网贷推广公司在各个网贷平台上交换来的，或者是直接从网上买来的。这恰恰证明了一点，我们的个人信息以某种不为我们熟知的方式泄露了出去。

当你进行网络贷款并填写个人身份信息时，你的信息很有可能被这些不法公司在 App（应用程序）后台提取并转卖给他人。这些信息的泄露可能会使你经常面临推销和骚扰电话的困扰，甚至导致个人信息流入诈骗团伙的名单中，给自己带来很大的风险。

《中华人民共和国网络安全法》第四十条明确规定："网络运营者应当对其收集的用户信息严格保密，并建立健全用户信息保护制度。"网贷公司在收集个人信息时应当遵守法律规定，严格保密。即使要通过网贷推广平台进行推广，也应保护用户个人信息安全。同时，《中华人民共和国网络安全法》第四十二条规定："网络运营者不得泄露、篡改、毁损其收集的个人信息；未经被收集者同意，不得向他人提供个人信息。但是，经过处理无法识别特定个人且不能复原的除外。网络运营者应当采取技术措施和其他必要措施，确保其收集的个人信息安全，防止信息泄露、毁损、丢失。在发生或者可能发生个人信息泄露、毁损、丢失的情况时，应当立即采取补救措施，按照规定及时告知用户并向有关主管部门报告。"该条规定提出了明确的要求。

本案中，网贷公司将个人信息提供给网贷推广公司，没有采取有效的保护措施，导致后者可以随意利用这些信息进行推销和骚扰，给公民个人信息安全带来极大隐患。尤其是当不法分子掌握了这些个人信息后，他们可能会编造出一些耸人听闻的假消息，甚至详细地报出受害者的姓名、单位等个人信息，导致受害者在心神不宁时做出错误判断，从而上当受骗。目前，网贷公司与网贷推广平台间缺乏有力的信息监管措施，使得贩卖信息的不法之徒有机可乘，给社会的安定和谐带来了极大的风险。

🔒 **为您支招**

1. 网贷有风险，一定要通过正规渠道进行贷款，切勿抱有侥幸心理。

2. 在日常生活中要时刻注意保护自己的信息安全，如果接到贷款等骚扰电话，不要轻信电话内容，及时拉黑。

3. 在网上填写问卷、注册账号时，要慎重考虑是否必须提供个人信息，尤其是身份证号码、银行账户等个人敏感信息。避免将个人信息提供给不熟悉的网站、应用或陌生人。

三、"侦探"也被抓　都是偷拍惹的祸

近些年来，中国的离婚率持续高位运行，婚外情成为部分夫妻离婚的一个重要原因。当怀疑自己的另一半出轨却苦于没有证据时，所谓的"私家侦探"便应运而生，他们实际上就是婚外情调查员。然而，"私家侦探"在我国是不合法的，他们打着帮忙调查的旗号，殊不知自己正处在触犯法律的禁区。下面这个案件中，就有两位"私家侦探"因为自己调查的"真相"而付出了法律的代价。

案例回放

赵某和王某曾经在一家公司担任调查员，主要工作就是全程跟拍、调查婚外情。后来他们离职单干，成立了一家法律咨询公司，而且还干出了一番"事业"。实际上该公司的主要业务就是帮委托人调查婚外情。他们在很多情感网站上发布软文，虚构了一位离婚女性在得知丈夫有"小三"后，因为没有证据而苦恼，最终在该公司的帮助下成功维权的故事。这种情感营销看起来很假，但也确实吸引了那些在婚姻当中走投无路的人。他们调查的婚外情中有些后来被证实了，这无疑为该公司树立了一块"金字招牌"。另外，他们还在知名网站上投放广告，只要网友搜索"调查婚外情""私家侦探""寻人寻址"等关键词，这家咨询公司就会出现在搜索结果中。

在调查中，他们从客户那里获取被调查者的个人信息，包括工作单位、住址、手机号等，然后派员工分头开车跟踪、偷拍视频和照片，甚至为了防止跟丢目标，还在被调查者的车上安装 GPS（全球定位系统），然后将调查结果交给委托人。不过这家公司也有不遵守"职业道德"的时候，例如，曾经有一位父亲要求调查其孩子是否为自己亲生，由于无法获得孩子的 DNA（脱氧核糖核酸），调查人员便伪造了一份假的亲子鉴定报告，而且在报告中谎称孩子并非亲生。不难想象，这个结果对于这个家庭来说，无疑是一颗重磅炸弹。

从 2016 年底成立到 2017 年被警方发现，该公司一共非法拍摄公民个人活动视频 527 段，向委托人提供内含公民行踪轨迹信息的日常文字报告 28 份。同时，他们还通过网络购买等方式非法获取住宿、户籍、银行账户等公民敏感信息 66 条，非法获利 12.45 万元。最终，赵某和王某因犯侵犯公民个人信息罪，均被法院判处有期徒刑三年，缓刑三年，并处罚金 13 万元。

📄 案例分析

不难看出，这些"私家侦探"不仅非法跟踪拍摄、收集公民行踪轨迹，而且还通过网络非法购买他人信息。根据司法解释，不同类型的公民个人信息根据其重要程度设置了不同的数量标准，"行踪轨迹"属于公民重要的个人信息，一旦泄露或被滥用，后果不堪设想。像本案中的这家非法咨询公司，其在接受委托调查婚外情时，其行为实际上也为绑架、故意伤害等恶性犯罪提供了可能，严重威胁了公民的安全与隐私。

最高人民法院、最高人民检察院《关于办理侵犯公民个人信息刑事案件适用法律若干问题的解释》第一条规定："刑法第二百五十三条之一规定的'公民个人信息'，是指以电子或者其他方式记录的能够单独或者与其他信息结合识别特定自然人身份或者反映特定自然人活动情况的各种信息，包括姓名、身份证件号码、通信通讯联系方式、住址、账号密码、财产状况、行踪轨迹等。"该条规定进一步明确了个人信息的范围。《中华人民共和国网络安全法》第四十四条明确规定："任何个人和组织不得窃取或者以其他非法方式获取个人信息，不得非法出售或者非法向他人提供个人信息。"

因此，本案中赵某和王某因犯侵犯公民个人信息罪，受到了法律的制裁。

那么，这些"私家侦探"提供的信息在法庭上有效吗？首先，"私家侦探"在我国是不合法的。根据《中华人民共和国刑事诉讼法》规定，侦查权专属于几类国家机关，三大诉讼法规定律师及法律工作者等委托代理人在诉讼过程中享有一定的调查权。除此之外，其他个人和组织是没有调查权的。因此，"私家侦探"所进行的调查行为已然违反了法律规定，其存在并无任何法律依据。其次，"私家侦探"获取信息的手段往往是非法的，故很难在诉讼过程中作为合法证据被法院采信。在调查过程中，"私家侦探"经常侵犯他人隐私，而且其提供的证据往往片面或为直接伪造，可信度低。委托人大多不会对其提供的信息进行真假辨别，进而引发一系列不必要的麻烦。

🔒 **为您支招**

1.公民如遇婚姻纠纷，应通过合法途径解决，寻求法律途径进行维权，不能寄希望于没有保障的"侦探服务"，更不要轻易泄露自己以及家人的信息，以免被不法分子利用。

2.网络上的宣传信息不可轻信，因为无法确定这是不是下一个"私家侦探"的陷阱。

3.发现有人或机构从事网络私家侦探活动，或者有人试图获取你的隐私信息，应该立即向相关部门举报。

四、查询成绩 却掉入暴露个人信息的陷阱

在当今社会，教育培训公司层出不穷，有部分教育咨询公司竟打着为考生服务的幌子，非法获取考生信息。例如，他们建立虚假的"教师招聘考试网"，利用笔试成绩排名查询网页来诱导考生，骗取考生的个人信息，进而推销自己的培训课程并获利，严重威胁到公民个人的信息安全。

👤 案例回放

2017 年 6 月，安徽省合肥市某教育咨询有限公司的陈某某、杨某等人，为了拓展公司的招生业务，商定在公司网页上添加虚假的笔试成绩排名查询网页链接，以此骗取考生信息。之后，他们又让李某和张某某两人模仿"安徽省中小学教师招聘考试网"官方网页，制作了一个虚假的"安徽省中小学教师招聘考试网"笔试成绩排名查询网页。陈某在公司首页加挂了一个"2017 年安徽教师考编笔试成绩排名查询入口"的链接，该虚假网站自 2017 年 6 月 15 日开始上线。

在此公司中，徐某某就职于网络部，平常负责网络推广工作。网络部人员会在每年全省各地市发布教师考试通知期间，到多个网络平台发布信息，吸引备考考生加入公司的交流群。这样的交流群约有 13 个。他们会通过多个网站、交流群大量转发他们制作的虚假网页链接，诱导考生登录并填写姓名、手机号码、报考地区等信息进行成绩排名查询。通过这种方式，该公司在 2017 年获取了 12000 多条考生信息。当然，该公司制作的网页并

不能给考生提供真实排名。考生填写分数后,网站系统会基于大数据和往年分数线,预估哪些考生能够成功上岸,并给出相应的参考意见。等到正式入围名单公布后,再根据之前获取的信息和入围的考生取得联系,推销自己公司的面试辅导产品或培训课程。该网站的主要目的是招生并获取利润。

安徽省合肥市蜀山区人民法院对陈某某和杨某等一行人作出判决,他们因犯侵犯公民个人信息罪而受到惩处。鉴于陈某某与杨某有自首情节,法院决定从轻处罚,判处陈某某有期徒刑九个月,缓刑一年两个月,并处罚金五千元;判处杨某有期徒刑七个月,缓刑一年,并处罚金四千元。其余四名被告人系从犯,依法予以从轻处罚,免予刑事处罚。

📖 案例分析

随着科技水平的日益提升,在互联网高速发展的同时,公民获取信息的途径也越来越多样化。然而,潜伏在网络中的危险也在不断增多。近年来,利用互联网技术非法获取公民个人信息的案例屡见不鲜。本案中,该公司制作的虚假网页与官网高度相似,陈某某等人利用考生对成绩查询网站辨别能力弱的劣势,诱导考生在网页上填写个人信息,从而非法获取了大量公民个人信息。公民个人信息属于个人隐私范畴,受法律保护。该公司在获取这些信息后,很有可能再出售给其他想要得到这些信息的不法分子,后者再利用这些信息,对考生实施诈骗等违法行为。正如"敌在暗处,我在明处",不法分子熟知考生的个人信息,而考生却对他们一无所知。当这些不法分子与考生接触时,他们可能使用花言巧语骗取考生的信任,导致考生上当受骗甚至遭受更为严重的后果。

《中华人民共和国网络安全法》第二十二条第三款规定:"网络产品、服务具有收集用户信息功能的,其提供者应当向用户明示并取得同意;涉及用户个人信息的,还应当遵守本法和有关法律、行政法规关于个人信息保护的规定。"第四十四条规定:"任何个人和组织不得窃取或者以其他非法方式获取个人信息,不得非法出售或者非法向他人提供个人信息。"本案中,陈某某等人未取得考生的同意,用虚假网页非法获取考生的个人信息,这一行为违反了前述规定及《中华人民共和国刑法》与司法解释的相关规定。

因此，面对纷繁复杂的网站，公民个人需提高辨别真假的能力，以免落入非法陷阱。同时，任何经营商都不应心存侥幸，而应当严格遵守国家的法律法规，在法律规定的范围内从事经营活动。针对互联网安全问题，网络监管部门亦应加大监管力度，严厉打击制作非法获取公民信息网站的行为主体。

🔒 为您支招

1. 在互联网的世界中，公民个人更应当提高自身的辨别能力，多了解关于网络安全的法律知识。对于不明网络链接，做到不浏览、不传播，对非法途径说"不"。

2. 公民个人在查询成绩等个人所需信息时，应当通过官方途径进行查询。对于第三方提供的陌生链接，应提高警惕。当然，对于那些非法传播信息的行为，应坚决抵制并向主管部门投诉。

3. 公民个人在浏览任何网站时，都不要轻易泄露自己的个人信息。在输入个人信息之前，应再三确认网站的安全性。尤其在涉及填写身份证号码等高度敏感的个人隐私信息时，更应提高警惕。

五、积分兑换　竟换来银行余额不翼而飞

　　不法分子非法获取个人信息的手段层出不穷，其狡猾程度令人咋舌。有些不法分子甚至胆大妄为地冒充中国移动等正规机构的工作人员，向用户发送虚假短信进行诱骗。用户稍有不慎，就可能掉进他们精心设置的陷阱之中，还浑然不知自己已经上当。

案例回放

　　2016 年 6 月，吴某某找到唐某，想要唐某为其制作一份木马程序，并提供数据后台，以窃取公民的个人信息来实施诈骗。木马病毒是通过吴某某雇佣他人以"10086"的名义发送含有木马链接短信的方式实现传播的。当用户收到短信并信以为真点击链接后，若在链接中输入自己的姓名、手机号等个人信息，这些个人信息就会被假借"10086"名义的木马程序收集，并传送至唐某等人作案时使用的邮箱内。吴某某和唐某的邮箱内通过木马程序获得的公民信息共计 704 个文件夹，其中 26 个文件内含有 9143 条公民个人信息，而真正的"10086"对此毫不知情。唐某还帮吴某某把 APK（安卓系统安装包）进行反编译，将原来 APK 程序的手机号和邮箱换成吴某某提供的手机号和邮箱，然后通过 APK 获取别人手机里的短信，并利用获取的信息将别人银行卡里的钱盗刷。

　　"尊敬的客户：您的话费积分 21960 分即将失效，请登录网站兑换 219.6 元现金，过期作废 [中国移动]。"这是被害人薄某某收到的诈骗信息。她

点击该短信中的链接之后，为了兑换所谓的"积分"，输入其名字、手机号码、身份证号码、银行卡号等信息，随后发现自己的银行卡被盗刷。当然，不只是薄某某，还有许多被害人都收到了此类相似的短信。他们信以为真，输入自己的个人信息，被盗刷了相当数额的钱财。唐某通过帮助吴某某破解 APK 程序，让吴某某可以获取别人手机里的短信内容，这样即使需要短信验证，吴某某也可以作案。

法网恢恢，疏而不漏，最终唐某因犯侵犯公民个人信息罪，被判处有期徒刑一年，并处罚金人民币八千元，吴某某另案处理。

📑 案例分析

近些年来，通过短信方式获取公民个人信息的案例层出不穷，短信内容通常涉及公民中奖、积分兑换等方面。在本案中，唐某在所发信息上附带了带有木马程序病毒的网址，诱导公民输入个人信息，并将收集到的受骗者个人信息提供给吴某某。这种行为不仅危害了个人信息安全，也破坏了社会的信任和稳定。

互联网的高度发展是把双刃剑，为我们提供便捷的同时，也增加了泄露个人信息的风险。诈骗手段不仅包括通过短信搜集信息进行诈骗的形式，而且随着微信、QQ 等社交软件的不断普及与发展，这些软件也成为不法分子侵犯个人信息的工具。不法分子可能会通过这些软件发送各种盗取信息的链接，利用熟人之间的联系和人们的不提防心理，骗取人们打开链接，从而盗取个人信息。因此，人们需要对此严加防范。《中华人民共和国网络安全法》第三条规定："国家坚持网络安全与信息化发展并重，遵循积极利用、科学发展、依法管理、确保安全的方针，推进网络基础设施建设和互联互通，鼓励网络技术创新和应用，支持培养网络安全人才，建立健全网络安全保障体系，提高网络安全保护能力。"为保障网络安全，国家已经采取了很多有效的措施，网络监管愈发严格，网络安全保障水平不断提高。

当然，虚假信息被不法分子故意设置为与官方短信高度相似，使得用户难以辨别真伪，尤其对中老年人等特殊群体而言，其防范能力更弱，更容易上当受骗。这些网址或短信的内容做得生动逼真，其欺骗性甚至超过了以传统的花言巧语骗取个人信息的方式，而不法分子也常常利用用户贪图小便宜的心理来实施诈骗。

🔒 **为您支招**

1. 信息中附带的网络链接本身并不可怕，关键在于公民个人要提高自身的辨别能力。

2. 对于短信中涉及的金钱信息，我们更应当慎重对待，切勿因贪图小便宜而出卖自己的个人信息，否则将落得个人财两空的下场。

3. 对于真伪难辨的链接，应坚决避免点击。在这种情况下，可以拨打官方电话进行询问核实。

4. 当需要填写自己的手机号、银行卡号等个人信息的时候，务必小心谨慎。

5. 收到亲朋好友发送的链接时，应保持警惕，询问清楚情况之后再操作也不迟。

六、楼盘信息泄露危机重重　非法收集者难逃法网

买新房、装新家，是现代人感到幸福的一件事。当你思考怎样的装修风格才适合自己的时候，各种装修公司和建材商家就会"及时"地向你推荐各种类型的产品，让你应接不暇。可问题的关键是，这些商业公司是如何在第一时间得知你买房的事呢？

👤 案例回放

"几个月前我在某小区买了房，最近即将交付。为什么商家能准确掌握这个情况？我意识到自己的个人信息可能被泄露了，想探个究竟。"嘉善惠民派出所民警沈某说。原来，沈某接到了一个来自装修材料店铺的电话，该店铺请他周末去参加建材展销会，并表示如果他参加团购活动，当天下单可以享受较大优惠。为了一探究竟，沈某参加了这次建材展销会。他佯装购买墙纸，在和老板的攀谈中得知，包括自己在内的不少业主的信息均由"嘉善惠家联盟"提供，店内还有很多人正拿着个人信息表打电话招揽客户，并且推销电话总能精准地打给业主。

他们到底是如何获取这些信息的？原来，"联盟"通过开发商、小区物业等渠道获得了楼盘业主的信息。调查"联盟"时，警方发现杭州某网络公司为其提供技术支持。据被抓获的人员交代，某网络公司和"联盟"约定，"联盟"须收集当地所有楼盘购房者的信息提交给网络公司的"督导小组"进行数据优化。之后，"督导小组"需将这些楼盘信息汇总整理后再返

还给"联盟",并承诺在完成工作后删除个人信息。但实际上"督导小组"并没有删除这些信息,而是利用它们进行公司的各种经营活动。

该网络公司原本主要承办会展、电子商务等服务活动,近年来业务重心转向了帮助家装建材商家策划展销会。在与"联盟"的合作中,该网络公司非法获取了包括业主姓名、联系方式、楼栋号、房号、住房面积等在内的隐私信息,并进一步贩卖这些信息以牟利。最终,该网络公司及其相关人员因犯侵犯公民个人信息罪被依法追究刑事责任。

📖 案例分析

随着经济发展水平的提高,人们的腰包渐渐"鼓"了起来,改善居住条件成为人们重要的生活需求。买房之后,就意味着需要进行各种装修,联系建材商家。这时你会发现,那些你从来没有接触过的建材或装修商家,一时间都挤破了脑袋想要你选择他们。不为别的,只是因为他们知道你有装修需求。但是,你并没有主动去联系他们,他们又是如何得知你的信息呢?显然,有人出卖了你的信息。

此案中,某网络公司利用其公司的经营定位及职员业务便利,收集了大量楼房业主的信息。《中华人民共和国网络安全法》第四十四条规定:"任何个人和组织不得窃取或者以其他非法方式获取个人信息,不得非法出售或非法向他人提供个人信息。"该网络公司收集公民个人信息的行为本身就不符合国家规定,更何况他们还利用这些信息进行牟利活动。另外,《中华人民共和国网络安全法》第十条规定:"建设、运营网络或者通过网络提供服务,应当依照法律、行政法规的规定和国家标准的强制性要求,采取技术措施和其他必要措施,保障网络安全、稳定运行,有效应对网络安全事件,防范网络违法犯罪活动,维护网络数据的完整性、保密性和可用性。"该网络公司在为活动提供服务的同时,非但没有对数据信息进行保密,反而将其变为自己非法敛财的工具。这种严重侵害他人个人信息的行为,终会受到法律的严厉惩罚。

在当今纷繁复杂的网络社会中,个人信息的安全隐患已远远超出了装修公司想要获取你的楼房信息的范围。近年来,网络中通过"人肉搜索"

（指利用现代科技手段将个人的真实身份及家庭住址等信息调查出来）暴露个人隐私的案例不胜枚举。一些网民打着道德的旗号，实则为了满足自己的好奇心，肆无忌惮地窥探他人的隐私。当冲动超过了理智，他们往往不顾及潜在的后果，凭借自己掌握的信息，对被害人住所采取扔"臭鸡蛋"等不当行为，更有甚者利用各种手段恐吓受害者。案例中的公司不仅仅贩卖楼房信息，极有可能已对房主的人身安全构成了威胁。在网络社会中，便利与危机并存，网络背后的黑手肆意操纵着人们的个人信息。因此，广大网民应提高自己的信息安全意识，以降低信息泄露的风险。

🔒 为您支招

1. 对于不请自来的装修公司推销电话，可直接将其加入手机黑名单，自动拦截固定的垃圾号码。

2. 要求开发商和小区物业严格履行保密义务，妥善保管业主的个人信息，防止信息泄露给不法分子，确保业主的隐私安全。

3. 在日常生活中，除非有特殊需要，否则不要泄露自己的家庭住址等重要信息。当自己不幸成为网络"人肉搜索"的受害者时，要学会运用法律武器来维护自己的合法权益，坚决抵制任何形式的网络暴力和侵犯个人隐私的行为。

第二章 黑客、非法入侵和控制计算机系统、数据

如今，中国网民人数已达到 11.08 亿[①]，网络已经深入人们生活的方方面面。然而，在网络江湖中，人们往往只看到表面的风平浪静，却忽视了其中的暗潮汹涌与危机四伏。在网络江湖里，潜藏着一群不法分子，他们利用技术手段追求个人利益，最终走上了违法犯罪的道路。下文中提到的游戏数据、医院信息系统数据、个人信息和隐私等，都是他们眼中的"香饽饽"。只要网络所触及的地方，就可能有他们潜伏的身影。本章围绕黑客入侵的手段及其危害，通过一系列案例普及网络安全法知识，提醒公众在网络生活中注意保护个人财产与信息安全。

[①] 数据来源：第 55 次《中国互联网络发展状况统计报告》。

一、800万游戏元宝不翼而飞　幕后黑手终被抓获

2018年8月，浙江省衢州市衢江区警方接到来自大洲镇村民张某的报案，张某称一觉睡醒竟发现自己游戏账号内的800余万"元宝"（折合人民币五万余元）不翼而飞。同年9月，衢州市警方成功破获了衢州市首起黑客类案件，涉嫌非法控制计算机系统的犯罪嫌疑人丁某在石家庄市家中被衢江公安分局民警抓获，并被刑事拘留。至此，这起"黑客"案件得以圆满侦破。

👤 案例回放

"我在网上玩'天龙八部'游戏，将游戏账号挂机后就上床睡觉了。起床后，却发现游戏内800余万'元宝'不见了。"据张某描述，他是网游"天龙八部"的玩家，2018年8月20日，他在网上玩"天龙八部"游戏，将自己的游戏人物"挂机"（在游戏中自动练级、打怪等）后就去睡觉了。然而，一觉醒来，他却发现自己账号上的800多万"元宝"不翼而飞。根据虚拟物品交易平台上的价格，这些"元宝"价值五万余元，数额不小。

经过警方的仔细询问，排除了张某自行泄露账号密码的可能性。根据张某经常和游戏玩家在QQ上进行交流，以及QQ账号整夜在线这些细节，警方初步判断：受害人的电脑很可能被植入了木马，且木马极有可能来自与受害者交流游戏的QQ好友。

随后，警方锁定了一个昵称为"灵感心"的可疑QQ号，进一步查证

后，确定该账号系石家庄人丁某在使用，于是锁定了嫌疑人。9月4日下午5时，网警大队民警抵达石家庄嫌疑人户籍所在地，经过缜密侦查，确定了其居住位置。次日，网警大队民警与当地公安民警一同前往嫌疑人住所隐蔽处蹲守。上午10时许，警方发现嫌疑人丁某踪迹，并顺利实施抓捕，当场扣押手机2部、电脑4台。

原来，丁某本人也是"天龙八部"的游戏玩家，爱好钻研电脑游戏，并通过网络自学了黑客技术。案发前，丁某自制了一款可以控制游戏外挂自动交易脚本文件的木马，并将木马伪装成"天龙助手"外挂工具，通过QQ发送给张某。张某点击该文件后，木马自动调用工具进行交易，成功盗取了张某的游戏"元宝"。

案发后，丁某为销毁作案痕迹，还使用另一个游戏好友身份，以帮助杀毒为名，诱骗张某对电脑硬盘进行格式化操作。所幸，办案民警及时跟进，固定了已被查杀的涉案木马程序。

📋 案例分析

黑客一词源自英文 hacker，最初指热心于计算机技术、水平高超的电脑专家，尤其是程序设计人员。但是当这些黑客利用他们的技术从事非法活动时，公民个人信息安全就会受到严重威胁。

《中华人民共和国网络安全法》第二十七条明确规定："任何个人和组织不得从事非法侵入他人网络、干扰他人网络正常功能、窃取网络数据等危害网络安全的活动；不得提供专门用于从事入侵网络、干扰网络正常功能及防护措施、窃取网络数据等危害网络安全活动的程序、工具；明知他人从事危害网络安全的活动的，不得为其提供技术支持、广告推广、支付结算等帮助。"第六十三条规定："违反本法第二十七条规定，从事危害网络安全的活动，或者提供专门用于从事危害网络安全活动的程序、工具，或者为他人从事危害网络安全的活动提供技术支持、广告推广、支付结算等帮助，尚不构成犯罪的，由公安机关没收违法所得，处五日以下拘留，可以并处五万元以上五十万元以下罚款；情节较重的，处五日以上十五日以下拘留，可以并处十万元以上一百万元以下罚款。……违反本法第二十七条规定，受到治安管理处罚的人员，五年内不得从事网络安全管理和网络运营关键岗位的工作；受到刑事处罚的人员，终身不得从事网络安全管理和网络运营关键岗位的工作。"

本案中，丁某利用木马程序盗取张某价值五万余元的游戏元宝，是网络盗窃行为，已构成盗窃罪。网络盗窃并非严格意义上的法律名词，通常指通过计算机技术，利用盗窃密码、控制账号、修改程序等方式，将有形或无形的财物和货币据为己有的行为。主要方式是利用网络上常见的盗取他人电脑资料的病毒，如木马病毒、蠕虫病毒等，通过邮件、不明网页链接等方式，植入他人电脑，读取他人电脑内存储的个人资料后实施盗窃。黑客丁某虽自学成才，网络技术高超，但他却将这种高超的技术用于非法途径，通过网络盗取不义之财，最终走上了违法犯罪的道路。

张某在本案中系受害者身份，然而他在游戏中使用外挂的行为值得我们深思。"私服""外挂"违法行为是指未经许可或授权，破坏合法出版、他人享有著作权的互联网游戏作品的技术保护措施，修改作品数据，私自架设服务器，制作游戏充值卡（点卡），运营或挂接运营合法出版、他人享有著作权的互联网游戏作品，从而谋取利益，侵害他人利益。"私服""外挂"是侵害知识产权的违法行为，应依法予以严厉打击。张某因使用外挂，被黑客钻了空子植入木马，实属自食其果。

🔒 **为您支招**

1. 使用防火墙系统来防止外部网络对内部网络的未授权访问，建立网络安全屏障。

2. 经常使用安全检测和扫描工具，加强内部网络与系统的安全防护性能和抗破坏能力，利用工具及时发现安全漏洞及薄弱环节。

3. 使用监控工具对网络和系统的运行情况进行实时监控，一旦发现黑客或入侵者的不良企图及越权使用情况，及时进行跟踪分析、固定证据并报案处理。

4. 加强管理员和系统用户的安全防范意识，时常备份系统数据，以便在被攻击时能够及时修复。

二、内鬼与黑客勾结 68家4S店数据遭到泄露

2017年5月，江苏省盐城市警方破获了一起非法获取4S店车辆维修数据的案件。此案牵连甚广，导致全国68家4S店的几百万条数据在瞬间被盗。究竟是什么人有如此大的能耐？经警方查明，原来是公司的"内鬼"与深圳某科技公司的"黑客"相勾结，他们将木马程序植入某汽车品牌的系统内，盗取客户信息，并以此牟利。

👤 案例回放

2017年5月16日，盐城某品牌汽车4S店负责人陈某接到了汽车公司售后服务工作人员的电话。工作人员告知陈某，其店内有一台终端计算机通过员工工号异常登录，频繁浏览总部后台数据，并向陈某提供了这台计算机的IP地址（互联网协议地址），要求他查明原因并向公司报告。

陈某当即对此IP地址进行了核查，发现使用人竟是店内售后主管高某。该公司有一个DMS系统（汽车经销商管理系统），其中包含了大量用户数据。而高某在一段时间内每天都会查询500余次不同车辆的数据信息，明显超过了正常工作量。随后，总部工作人员远程访问了这台问题电脑，发现电脑中疑似被植入了一个软件。5月17日，陈某前往盐都区公安局报案，该局随即立案侦查。

办案民警经过勘验发现，问题电脑上插着的U盘里有一个针对DMS系统定制的程序，使用该程序可以在系统内查询到车主的姓名、车牌号、维

修信息等客户信息，还有大量的车辆数据。于是，警方立即抓捕了高某。高某交代，3 月份他与深圳某科技公司的市场人员黑客马某达成协议：高某只要运行 U 盘内的程序软件，并将个人账号密码提供给马某使用，每月就可收到 1500 元的报酬。

根据高某的交代，警方初步判断该犯罪行为可能为公司化运作，且不仅限于非法获取一个品牌汽车的维修数据。于是，盐城警方迅速成立专案组进行深入调查，并赴深圳走访涉案公司，进一步确认该案为公司化运作，系有组织的犯罪链条。该犯罪团伙通过利诱 4S 店内部人员安装自制木马软件，非法获取品牌汽车维修数据，同时架设查询平台，以有偿方式提供给他人使用，从中牟利。

警方现场扣押了 3 台核心数据服务器、21 块电脑硬盘，其中包含 32 个汽车品牌超过 155 万辆汽车的相关数据。截至案发，该网络犯罪团伙共盗取车辆维修数据 155 万余条，非法所得近 30 万元；与该团伙相互勾结，帮助获取相关数据的 4S 店员工共非法获利 50 余万元。

📖 案例分析

据悉，该案是全国首例破获的非法获取 4S 店车辆维修数据案。公安机关表示，该案属于公司化运作的互联网新型"黑产犯罪"，犯罪层次高，手段狡猾且隐蔽性强，主要犯罪行为也是通过互联网实施。

4S 店掌握着大量汽车客户数据，木马程序通过 4S 店还能侵入品牌汽车总部系统，窃取更多该品牌汽车用户的信息，而这些数据正是许多二手汽车数据查询服务商所需要的。高某作为汽车公司的员工和用户数据的管理人员，本应保护客户资料不受侵害，但他为了钱财铤而走险，将后台密码提供给他人查询使用，甚至在内部电脑上安装"黑客"软件，泄露了大量客户信息，极大地危害了用户的信息安全。

高某的行为违反了《中华人民共和国网络安全法》第四十四条的规定："任何个人和组织不得窃取或者以其他非法方式获取个人信息，不得非法出售或者非法向他人提供个人信息。"作为掌握公司商业秘密的高管，高某"德不配位"，罔顾国家规定，知法犯法，与黑客勾结，为了金钱出卖了自己的灵魂，触碰了法律的红线。等待高某的，不仅是牢狱之灾，更有对其人格的审判。

高某事件虽是个案，但其背后折射出的，实则是高某所在汽车公司的内部管理体系的不完善。公司本应定期对从业人员进行网络安全教育、技术培训和技能考核，以确保关键岗位的人才素质，防止重要信息数据被泄露。该汽车公司掌握着众多用户的一百多万条数据，却被员工与黑客联手窃取，实在应当进行反思和纠正。正因公司管理制度缺失，网络安全防范意识松懈，防范措施不到位，才让员工有机会成为"内鬼"，为互联网犯罪提供了有利条件。

此外，对于马某此类的黑客，我们不禁会感慨他们的"神通广大"。他们拥有高超的网络技术，有着严密的组织机构，但他们却没有一颗正直的心，而是用金钱蛊惑他人，利用自己的专业技能去做危害公民信息安全的事情，最终走向犯罪的深渊，其行为令人唾弃。

🔒 为您支招

1. 经营主体要加强对从业人员的专业培训，提高其职业素养。尤其是汽车 4S 店等行业，其从业人员在业务开展过程中与用户密切接触，掌握着用户的重要信息，如电话、家庭住址、身份证号等，因此这些行业更应加强数据保护。

2. 企业应当建立完整的商业秘密保护机制，对各个节点进行有效控制，对信息进行严格把控，建立一道坚固的防线，确保用户的信息能够"密不透风"。

3. 行业组织、协会对汽车 4S 店等公司的约束亦应更加严格。

4. 作为公民，在生活工作中应坚守自己的道德底线。关键岗位的人员尤其需要注意，不可为了一点蝇头小利而出卖自己的前程，危害别人的信息安全。

三、医院信息系统瘫痪　黑客攻击敲响安全警钟

《实习医生格蕾》某集中，医院的计算机系统遭黑客攻击，导致服务中断。黑客以此来勒索比特币，医院陷入混乱。令人意想不到的是，这种戏剧化的情景竟然在现实中上演了。2018年2月24日7时4分，正在湖南省某儿童医院就诊的人们纷纷被告知医院系统瘫痪，诊疗流程无法正常进行。突如其来的系统瘫痪，让医院一时也措手不及。

🔘 案例回放

2018年2月24日早上7时，排队等候的人群中突然传来一阵骚动，一个消息如同炸弹般炸开了锅："医院的信息系统发生故障了，所有的环节无法进行。"儿童患者的家长们议论纷纷，感到不可思议。治病救人不可耽误半分半毫，然而，突然的系统瘫痪将会使医院的医疗活动陷入停滞，病人的生命安全无法得到保障。

医院立即采取措施，启动了信息系统故障多部门联动应急预案，一边对系统进行抢修，一边疏导患者到各诊区就医。10时30分左右，医院秩序得到恢复。

在进行了多方面的排查后，初步判断医院信息系统遭受了黑客攻击，被植入了勒索病毒，导致HIS（医院信息系统）服务器文件被加密。勒索病毒"毒"如其名，它会把受害者的文件全部加密，导致系统处于不可用状态，从而使医院的系统大面积瘫痪，诊疗流程无法正常进行。

医院数据管理部与医务、护理、门诊等部门紧急启动应急联动预案，第一时间报告省卫计委、网信和公安监管部门，并联系有关公司参与抢救性恢复工作。直到25日凌晨4时10分，医院数据管理部成功恢复了所有业务信息系统。服务器的数据没有丢失和毁损，门诊和住院业务恢复正常运行。

2017年6月，该医院的信息系统通过了公安部国家信息安全等级保护三级认证，中心机房也对勒索病毒采取了防护措施，增加了安全补丁。但本次外网入侵的病毒疑似最新变种的勒索病毒，感染病毒后服务器系统及数据库文件会被强制加密，导致无法访问。

针对本次恶性程度极高的病毒攻击，医院表示将继续妥善处理遗留问题，加强医院机房信息安全设备的防护与应急备份策略，以提高网络与信息系统的应急保障能力，保障正常就医秩序。

📑 案例分析

此次黑客攻击并没有造成严重的后果，这是值得庆幸的。以往，这类病毒肆虐时曾造成英国多家医院和诊所瘫痪，许多病人无法及时就医，常规手术被迫取消，英国多地医疗系统一度陷入混乱。相比之下，此次攻击的病毒虽然疑似为以往勒索病毒的变种，但并没有表现出变种病毒特有的破坏力，不仅系统得以较快恢复，而且数据没有丢失，实属不幸中之万幸。《中华人民共和国网络安全法》第二十七条规定："任何个人和组织不得从事非法侵入他人网络、干扰他人网络正常功能、窃取网络数据等危害网络安全的活动；不得提供专门用于从事侵入网络、干扰网络正常功能及防护措施、窃取网络数据等危害网络安全活动的程序、工具；明知他人从事危害网络安全的活动的，不得为其提供技术支持、广告推广、支付结算等帮助。"黑客的行为违反了该法律规定，也严重影响了医院系统的正常运行，危及患者的生命与健康，他们必将面临法律的严惩。

根据相关监测与统计，近年来，针对医院等医疗系统的网络攻击日益活跃，并呈现上升趋势，整个医疗行业的信息安全形势不容乐观。不仅湖南这家儿童医院，全国范围内还有多家医院也持续检测出勒索病毒，甚至出现部分患者信息被盗的情况。从医疗行业遭受勒索病毒入侵的方式上看，勒索病毒主要通过系统漏洞和端口爆破的方式入侵，然后利用工具包进行传播，一旦不法黑客侵入内网，还会利用更多攻击工具在局域网内横向扩散。

医疗行业关系到人民群众的生命安全与健康，具有高度特殊性，其信息安全形势一直备受关注。医疗数据，包括历史健康状况、药房开处方的记录、就医记录、保险详细信息和在线医疗账户凭证，属于患者的重要隐私。黑客获取的大量个人信息中，包含了可以用来建立医疗背景的信息，这是一件"恐怖"的事情。他们可以利用这些信息，直接对患者实施各类违法犯罪活动。因此，医院、网络安全厂商等相关机构必须加强防范意识，并深入开展对医疗行业网络攻防的研究，以确保患者的信息安全和医疗体系的稳定。

🔒 **为您支招**

1. 医疗机构需建立完备的紧急预案，并定期进行演练，以提高网络与信息系统的应急保障能力，时刻绷紧信息安全这根弦。

2. 引进更多的信息安全管理人才，定期开展学习培训，提升安全人员的专业技能，使他们能够及时发现信息安全问题并有能力进行有效处理。

3. 加强医院机房的信息安全设备防护，完善应急备份策略，以保证患者获得良好的就医体验，提供更便捷的医疗服务，保障正常的就医秩序。

4. 加强对医疗设备的防护，重视医疗设备的监控和安全措施的加强，进行仪器设备的数据安全测试，选择优质设备制造商。

四、黑客触手伸向酒店　住客信息惨遭泄露

在这个数字化日益深入的时代，信息安全已成为一个不可忽视的重要议题。然而，就在我们享受科技带来的便捷之时，黑客的威胁也如影随形。他们的触角正以肉眼不可见的形式深入各个领域，系统入侵、信息泄露事件不断上演，网络信息安全屡遭挑战，竟然连美国某全球知名品牌连锁酒店也不小心中了招！

🔲 案例回放

2018年11月30日晚，美国某全球知名酒店集团官方发布声明称，2018年9月10日及之前的酒店预订数据库遭黑客入侵，数据库中多达5亿名客户的信息疑遭泄露。此次大规模信息泄露事件堪称史上最大规模的黑客入侵事件之一。

从官方发布的消息来看，在2018年9月8日，酒店就收到了一条由其内部安全工具发出的关于第三方试图访问宾客预订数据库的警报。据调查发现，自2014年起，就存在第三方未经授权访问酒店网络的情况，该第三方不仅复制并加密了某些信息，还试图将信息移出。2018年11月19日，酒店成功解密这些加密信息，确定其内容来自喜达屋宾客预订数据库。

经过后续调查，酒店称黑客最多时访问了超过3亿名宾客的个人信息，这些信息包括用户的姓名、出生日期、性别、邮寄地址、电话号码、电子邮件地址、护照号码、到达与离开信息、预订日期和通信偏好等，可以说

是"面面俱到"。其中，还有上百万用户的护照号码以及大约 860 万张经过加密的支付卡信息被窃取。

其实，早在 2015 年，该酒店就曾报告过一起小型数据泄露事件。黑客在其部分酒店餐厅和礼品店的 POS 系统（销售时点信息系统）上安装了恶意软件，以收集支付信息。安全专家表示，虽然泄露调查未能发现第二次入侵的例子并不罕见，但是倘若当时能进行全面深入的调查，也许就能更早地发现攻击者。但是这些黑客却选择在其预订系统中潜伏了三年多之久，如此"锲而不舍"，可见金钱对他们的诱惑力有多大，也暴露出该酒店在网络安全方面的漏洞有多大。

后续，联邦调查局仍在追踪这起酒店黑客入侵事件，而该酒店因泄露客户信息在美国遭遇集体诉讼，索赔金额高达 125 亿美元。

📖 案例分析

从此次酒店信息泄露事件可以看出，其网络安全管理系统不够完善，忽视了对内部系统的管理与维护。黑客入侵是此次信息泄露的主要原因，并且他们在酒店系统里潜伏了三年之久。黑客通过创建程序，搜索未受保护的路径入侵系统，然后在服务器里安置"后门"。他们不破坏数据，而是通过"潜伏"不断获取最新数据，以达到谋取利益的目的。一般来说，黑客从系统中窃取个人信息后，会在"暗网"这种地下黑市上进行贩卖和非法交易，以获取暴利。

此次黑客入侵给酒店与客户都带来了重大影响。对于酒店来说，它不仅损失了巨大的经济利益，还要面临巨额索赔。更重要的是，它失去了老客户的信任，流失了一大批潜在客户，导致其在市场上的竞争力大大减弱。如果酒店仍不及时加强系统维护与监管，那么它可能会被其他竞争对手压制。而对于客户来说，个人信息的泄露会给他们的生活带来大大小小的麻烦。除了会受到垃圾短信、诈骗电话的骚扰以外，一旦银行卡或身份证等重要个人信息被不法分子利用，造成的经济损失与严重后果是难以想象的。黑客入侵行为在多数国家都被视为严重违反法律规定的行为。在我国，《中华人民共和国网络安全法》第二十七条规定："任何个人和组织不得从事非法侵入他人网络、干扰他人网络正常功能、窃取网络数据等危害网络安全的活动；……"第四十四条规定："任何个人和组织不得窃取或者以其他非法方式获取个人信息，不得非法出售或者非法向他人提供个人信息。"情节严重的则会构成侵犯公民个人信息罪。《中华人民共和国刑法》第二百五十三条之一第一款规定："违反国家有关规定，向他人出售或者提供公民个人信息，情节严重的，处三年以下有期徒刑或者拘役，并处或者单处罚金；情节特别严重的，处三年以上七年以下有期徒刑，并处罚金。"因此，不论在哪个国家，黑客如果窃取酒店客户信息，通常都会面临法律的制裁。

🔒 **为您支招**

1. 对于企业来说，防止黑客入侵的最好方法就是"防患于未然"，不断提高系统的抗风险性，及时修复系统漏洞，优化和完善系统的监控功能。

2, 企业要注重培养专业的数据维护与安全管理人员，通过专业培训等方式进一步增强员工的数据安全意识，让全体员工将保护客户信息安全的责任扛在肩上。

3. 对于个人来说，黑客可能看似遥远，实则近在咫尺。因此，我们要学会保护个人信息，提高防范意识。在居住酒店、旅馆时，尽量避免暴露自己的个人信息，以防被不法分子窃取。

五、弹幕视频网站遭入侵 黑客竟是"二次元"粉丝

你是否只是简单地用数字组合成了自己的账户密码？你是否为了方便记忆，而在各大网站使用同一个密码？在当今网络时代，你想知道自己的这些账户密码值多少钱吗？黑客会用数字来告诉你。下面这个案件中，一名黑客大肆在线出售某弹幕视频网站的用户数据，而黑客本人声称自己是"二次元"（二次元是指一个虚拟的世界，通常是指漫画、动画、游戏等媒体所塑造的人物、角色和世界观）粉丝，并痛恨信息泄露，盗取信息只为引起网站的注意。

🅰 案例回放

2018 年 3 月，在某网站论坛上，有人在线出售某弹幕视频网站（以下简称 A 站）的用户数据，即"用户名 + 手机号 + 密码"，数量多达 800 万条，价格为 12000 元，平均每条用户数据不到 0.002 元。甚至在一个用户名为"agentK"的黑客接下来发布的发售贴中，数据又增加了 100 万条，价格直逼 40 万人民币！但 A 站在当时并没有对此进行任何解释和说明。

直到 6 月 13 日凌晨，A 站才在官方网站发布了《关于 A 站受黑客攻击致用户数据外泄的公告》，承认因受黑客攻击，造成近千万条用户数据外泄，包含用户 ID、用户昵称、加密存储的密码等信息。A 站的公告称，如果用户在 2017 年 7 月 7 日之后一直未登录过 A 站，密码加密强度不是最高级别，账号存在一定的安全风险，恳请用户尽快修改密码。如果用户在其

他网站使用同一密码，也需要及时修改。而 2017 年 7 月 7 日以后有过登录行为的用户，账号已经自动升级使用强加密算法策略，密码是安全的，但如果密码过于简单，也建议修改密码。

对于此次用户数据泄露事件，A 站向用户表达了诚恳的歉意，并承诺将采取排查系统安全问题、升级系统安全等级等一系列措施来保障用户端数据安全，确保此类事件不再发生。

其实，"agentK"先前便在"地下"论坛发表过一个澄清帖，声称自己是 A 站多年的"二次元"爱好者，并对信息泄露深恶痛绝。但是，当他的团队发现问题并多次向 A 站官方邮箱发送邮件后，却没有得到任何回复，这让他们十分失望。为了引起 A 站的重视以及证明自己的实力，他们决定分阶段公布用户信息。在 A 站发布公告后，出于 A 站客服为解决事情展现出的诚恳态度以及对"二次元"世界的热爱，他们决定无条件删除所有用户数据，并对自己之前的做法向 A 站和用户表示歉意，同时保证之前的数据没有出售给任何人。至此，这场风波终于平息。

📋 案例分析

当今社会，人们在享受网络带来的便利的同时，往往忽略了其背后隐藏的危机与陷阱，这给一些心术不正的黑客提供了可乘之机。就本案来看，其实这一事件完全有可能被扼杀在摇篮里，可惜网站的不作为使黑客原本的好心提醒变成了故意为之的行为，再加上个别网站监管不力，为黑客提供了表演的舞台，导致事情朝着相反的方向发展。虽然最终 A 站与黑客达成了和解，但此次黑客入侵事件仍令许多 A 站用户感到担忧和恐慌。

就 A 站而言，保障用户信息安全是网站的基本要求，但 A 站的网络系统却漏洞百出，其安全性过低，无法抵御入侵风险。A 站作为网络运营者，没有遵守《中华人民共和国网络安全法》中关于网络运营者应当对其收集的用户信息严格保密，并建立健全用户信息保护制度的规定。此外，A 站对于用户反映的意见和建议没能做到及时反馈，让用户感到失望与愤怒，才引发了后面的一系列事情。

就黑客及其团队而言，他们的初衷可能是善意的，但不应该为引起 A

站的注意而故意将他人的信息明码标价地公布在其他网站上，更不应该公开泄露用户数据。这种行为严重违反了《中华人民共和国网络安全法》第二十七条以及第四十四条有关侵入他人网络、窃取他人信息的规定，而且，他们的行为已涉嫌触犯《中华人民共和国刑法》第二百五十三条之一规定的侵犯公民个人信息罪。

就黑客发布信息的网站而言，从黑客发布这种不当言论，到后来用户数据被公开，这些网站都没能尽好自己的监管职责，监管力度远远不够。显然，这些网站缺乏完善的信息审核制度，对于用户发布的信息没能进行及时审核和处理，从而为黑客提供了可乘之机。

最后，对于用户本身来说，他们没能密切关注自己的账号安全，更没有意识到网络时代信息安全的重要性，因此掉以轻心，让黑客钻了空子。

🔒 为您支招

1. 作为用户，应提高自己的网络信息安全意识。在注册账号时，应设置复杂度高的密码，避免使用用户名、生日或姓名等容易被猜到的信息作为密码，也不要在多个平台账号上使用相同的密码。

2. 平台运营者应采取必要的措施，确保用户的个人信息安全。应加强对系统安全问题的排查和安全隐私建设，增强作为运营者的责任意识。同时，应及时听取用户的意见，及时补救安全漏洞。

3. 各种信息网站要担起监督用户言论的责任，不能让网站成为信息交易的滋生地。对于泄露个人信息的言论，要及时审核处理，以避免造成严重的后果。

六、无良黑客入侵家庭摄像头　隐私生活成为直播秀

人们常说："人生没有彩排，每天都是现场直播。"然而，从某一天起，原本用于保护安全的摄像头竟成了黑客每天"直播"个人隐私生活的工具。在摄像头的监控下，人们的个人隐私被泄露无遗。本案中的黑客王某，入侵了近万个家庭摄像头，甚至传播摄像头捕捉到的隐私视频，以此获利，最终被警方抓获。

🖊 案例回放

2017 年 7 月 27 日晚，景宁县公安局成功侦破浙江省首例利用非法软件破解家庭电脑密码获取他人隐私的犯罪案件。办案民警赴河北邢台抓获了黑客王某，在其家中当场查扣作案工具，包括 3 台电脑和 5 部手机，并查获近万个已被破解的 IP 地址，这些 IP 地址涉及云南、江西、浙江等地。

据调查，嫌疑人王某通过非法手段获取某摄像头破解软件，采用黑客手段破解网络摄像头 IP 地址，并通过破解网络摄像头密码来控制摄像头，偷窥他人隐私。他甚至在相关聊天群中出售控制摄像头的软件和已被破解的摄像头 IP 地址，还将偷窥到的有"激情"画面的家庭录像保存并上传至云盘进行贩卖，以此获利。

乍一看，大家可能会想，这个王某到底有多大的本领，能够如此轻松地入侵他人的电脑、偷窥别人的生活。但现实恰恰相反，据王某交代，网上有大量出售 IP 账号的黑客，只要购买了 IP 账号再配合破解密码的软件，

就能轻易入侵并控制他人的家庭摄像头，而且整个过程可以"神不知鬼不觉"地一直进行下去。王某发现了这些网络漏洞，然后在聊天群中向其他黑客购买破解工具，利用购买的批量扫描器，通过大范围的IP扫描来寻找互联网上存在漏洞的家庭摄像头设备进行入侵，以实现他"低成本、高利润"的发财梦。

王某成功入侵后，不仅将破解的摄像头IP地址非法出售给其他黑客，还将利用摄像头拍摄到的隐私视频，经过后期加工与制作，在各类非法网站和网络云盘进行传播以获利。正所谓"天作孽，犹可违；自作孽，不可活"，王某终将为自己的行为付出代价。嫌疑人王某因涉嫌非法获取计算机信息系统数据、非法控制计算机信息系统罪被依法刑事拘留，最终迎接他的将是法律的严惩以及监狱的囚禁。

📖 案例分析

现代社会中，随着移动互联网的快速发展，传统的监控设备逐步被网络监控摄像头所取代。人们在寻求安全感的同时，却忽略了其背后的风险性与危险性。一旦系统出现漏洞，就可能给自己带来不必要的麻烦。安全感没找到，反而先被黑客盯上了，自己的隐私也在不知不觉中被黑客暴露于公众视野之下。

王某入侵摄像头的背后隐藏着庞大的黑色产业链。这种黑色产业是以侵犯个人隐私为基础而形成的，其背后的金钱与罪恶给受害者带来了巨大的痛苦与无奈。作为本案的罪魁祸首，王某不仅应当受到法律的严厉制裁，更应该受到道德的谴责和良心的拷问。从法律的角度审视，王某入侵他人家庭摄像头的行为已经触犯了《中华人民共和国刑法》第二百八十五条规定，即构成非法获取计算机信息系统数据、非法控制计算机信息系统罪；同时，王某的行为也违反了《中华人民共和国网络安全法》第二十七条以及第四十四条有关侵入他人网络、故意泄露并出售他人信息的规定。从道德伦理的角度来看，王某为获利而随意将他人隐私作为商品出售的行为已经完全触犯了道德底线。他不仅破坏了社会公德与社会秩序，更违背了做人的基本原则。

从本次案件中我们能了解到很多情况：第一，家庭摄像头系统存在极大的风险和诸多漏洞。当前市场上，绝大多数摄像头的 IP 地址都可以被黑客的破解软件破解，用户的个人隐私安全时刻面临着不安全因素的威胁，系统的防御措施需要得到加强和重视。第二，用户的自我防范意识相对薄弱，对摄像头系统的管理不到位。从警方得到的证据来看，许多人都选择将摄像头安装在涉及个人隐私的房间，比如卧室，这使得卧室里的隐私行为成了黑客们最感兴趣的"卖点"。

米兰·昆德拉曾说过："隐私是神圣的，装有个人信件的抽屉是不能被打开的。"隐私对每个人来说都非常重要。在我国，每个公民都享有隐私权，即隐私不受侵害的权利，因此，每个人都应尊重他人的隐私。

🔒 为您支招

1. 公民个人一定要加强自我防范意识，严格管理摄像头设备，避免将摄像头安装在卧室、卫生间等涉及个人隐私的场所，做到"防患于未然"，不给不法分子留下可乘之机。

2. 网络摄像头制造厂商需确保产品质量，不断提升产品的安全性能，增强产品的抗风险能力和防御性，保护好广大消费者的个人隐私。

3. 网络运营者则要做好网络信息发布的"把关人"，加强对网络信息的管理和监控，严禁用户发布违法信息、进行非法交易，从源头上遏制黑客的猖獗行径，同时也避免他人误入歧途。

第三章　网络诈骗

"网络潭水深千尺，不及骗子套路深。"当你沉浸在网络世界时，不法分子也在网络中悄悄盯着你。有人在你寻找兼职时，为你"提供机会"；有人在你寻求良药时，为你推荐"神丹"；有人在你购买装备时，为你推出"平台"。你想追求爱情，他"敞开心门"；你想坐等收益，他给予"返利"；你想变身"锦鲤"，他让你"中彩"。实际上，他们费尽心机，只为一步步把你引入陷阱，让你竹篮打水一场空。网络世界纷繁复杂，看似诱人的条件背后往往隐藏着巨大的陷阱。正所谓：刷单网购买装备，警惕背后套路深；交友返利买彩票，骗子手法样样全；一不小心中圈套，一夜回到解放前。

一、虚假宣传"名医""神药" 诈骗团伙被抓获刑

以彭某为首的诈骗团伙在网络上发布中药产品的虚假广告，诱导受害者添加销售人员微信，后假冒中医专家按照预设的脚本引诱受害者购买其提供的"某某澜老中医益肾茶""某某虫草"等产品，通过发微信红包、银行卡转账等途径收取订金，以货到付款的方式骗取受害者财物。该诈骗团伙涉案金额高达514608元，最终被警方抓获归案。

🔘 案例回放

彭某等人借助网络发布带有微信号的产品虚假广告，或者利用购买来的几十万条公民个人信息，通过企业信使运营管理平台将男性壮阳补肾类广告以短信形式发送出去。当受害者与其联络后，诈骗团伙再将产品的功效说得天花乱坠，并提供一对一的"诊断"服务，从而取得消费者信任，进一步实施诈骗。

林先生、唐先生等人在网络上偶然看到"某某澜老中医益肾茶"等产品的广告，并添加了广告上提供的微信号。当林先生等人与所谓的"名医"取得联系后，诈骗团伙会提供"名医"简历以博取信任。"名医"根据受害者描述的症状调制药方，并让其购买一定数额的产品，然而这些产品并没有真正的治病功效。受害者林先生说："收到对方寄送的某某澜益肾茶和牡蛎虫草袋泡茶，服用后感觉并没有什么效果。"同样，受害者邹先生也表示："我收到药后发现药很少，也没有任何文字说明及药品说明书，包装简

单。我吃了一个，味道像消食片，什么感觉都没有，后来不敢吃，就把药都扔了。"

不仅如此，这些所谓的"神药"并没有生产批号和使用说明，甚至有的买家服用后还产生了副作用。这些受害者有的花费了几百元，而有的则花费了上千甚至上万元，本以为找到了传承秘方，没想到却是一文不值的"三无"产品。

在调查中发现，这一诈骗团伙分工明确，作案工具齐全。有的成员负责网页制作、广告宣传，有的假扮"名医"游说受害者，还有的则专门负责在朋友圈发表虚假的治疗感受、感谢信等。即使价格昂贵，当受害者看到朋友圈中病友的使用感受和对比图后，便选择相信对方，掏钱一试。正所谓病急乱投医，众多的受害者因此成了不良商家的聚宝盆。

📖 案例分析

害人终害己，以彭某为首的诈骗团伙终被绳之以法。《中华人民共和国网络安全法》第四十六条规定："任何个人和组织应当对其使用网络的行为负责，不得设立用于实施诈骗，传授犯罪方法，制作或者销售违禁物品、管制物品等违法犯罪活动的网站、通讯群组，不得利用网络发布涉及实施诈骗，制作或者销售违禁物品、管制物品以及其他违法犯罪活动的信息。"该诈骗团伙成员数量较多、队伍庞大，他们以非法占有为目的，虚构事实，利用电信网络骗取他人钱财，诈骗金额高达 514608 元。这一行为不仅违反了前述规定，也触犯了《中华人民共和国刑法》第二百六十六条的规定："诈骗公私财物，数额较大的，处三年以下有期徒刑、拘役或者管制，并处或者单处罚金；数额巨大或者有其他严重情节的，处三年以上十年以下有期徒刑，并处罚金；数额特别巨大或者有其他特别严重情节的，处十年以上有期徒刑或者无期徒刑，并处罚金或者没收财产。本法另有规定的，依照规定。"因此，该团伙的行为已构成诈骗罪。法院最终判决：被告人彭某犯诈骗罪，判处有期徒刑五年七个月，并处罚金五千元，其他从犯亦受到了相应的刑事处罚。

现如今，在网络上发布广告信息，通过朋友圈等社交平台进行广告宣传、商品销售的行为已屡见不鲜，但也不能忽视非官方购物平台存在的风险。首先，它们不隶属于任何电商平台，商品质量和售后服务难以保障。其次，对于虚假宣传的商品，消费者往往缺乏足够的辨别能力，只能依赖商家和朋友圈的介绍来做出购买决定。此外，在社交平台上购物往往缺少正式的交易凭据，难以证明交易行为的存在，一旦遇到问题，消费者难以联系商家维权。因此，一些消费者仅凭商家提供的几张照片便选择相信对方，殊不知这背后可能潜藏着一个庞大且成熟的诈骗团伙。

在该案例中，诈骗团伙利用患者"求医心切"的心理，先假意进行诊断，再夸赞产品功效以吸引消费者。此外，网络监管不严也导致此类事件频发，一些社交平台对微商这类销售主体以及其在朋友圈发布的购物信息监管力度不够，对商家后台管理审查不严，从而埋下隐患。类似购物诈骗事件时常发生，骗子利用网络漏洞设下陷阱，不仅欺骗了消费者，更破坏了网络环境的和谐，其危害不容小觑。因此，消费者在选择非官方平台购物时一定要提高警惕，谨防上当。

🔒 **为您支招**

1. 尽可能选择到正规医院进行面诊，不可在网络上病急乱投医。

2. 在网络上求医买药需要擦亮眼睛，选择正规的医院官网求诊咨询，并在正规的医院或药店购买药品。

3. 选择专家咨询时，务必记下其执业证号并进行查询核实，确保所咨询的专家身份真实。不要相信只推销产品不提供诊断的"医生"，不断催促付钱的，基本是骗子。

4. 不要盲目添加私人账号，凡是利用私人账号开展业务的都可能暗藏诈骗风险。

5. 互联网平台应做好网页净化工作，将诈骗行为扼杀在萌芽中。社交平台也应加强后台监管，及时处理非法交易的用户。

二、女子刷单被骗四万　警惕网络兼职陷阱

"你想利用空余时间轻松赚钱吗？你想动一动手指就能赚取生活费吗？"现如今，兼职广告层出不穷，"刷单"赚钱成了一项热门选择。然而，它真的像宣传的那样低劳动、高收入吗？答案当然是否定的，刷单诈骗就在我们身边。阮女士便受到这种虚假刷单广告的诱惑，本以为找到了一份赚外快的工作，殊不知正一步步走向骗子设下的陷阱。

👤 案例回放

叶某在互联网上发布虚假广告，招聘某宝刷单人员，宣称：每单立结，佣金不菲，可根据自己的时间自由安排，轻松赚取零花钱。阮女士在网上看到了这则"轻松且来钱快"的招聘广告，并信以为真，通过广告上提供的私人账号与叶某取得了联系。

得到兼职工作的阮女士立刻接到了第一单任务，她抱着试一试的心态完成了第一笔订单。叶某首先发给阮女士一个购买链接，表示这是需要刷单的商品，紧接着又发给她一个付款二维码，不断地诱导阮女士进行付款，声称刷单支付不会被实际扣款。就这样，19999 元的汇款转入了叶某的账户中，而阮女士却没有得到所谓的"佣金"。

尝到甜头的叶某继续将贪婪的手伸向阮女士。叶某向阮女士谎称因为付款系统出现故障，要退还之前的 19999 元，但是需要阮女士再次支付后才能退还第一笔汇款。于是，叶某再次把付款二维码发给阮女士，天真的

阮女士选择了相信，再次将钱转给了叶某。前后两次汇款，阮女士几个月辛辛苦苦赚来的工资就这样"拱手让人"了。然而，当她要求叶某退还第一笔汇款和应得的佣金时，叶某早已将这个被利用完的"员工"抛之脑后，转而继续物色下一个目标。

在这次刷单事件中，阮女士不仅没有得到所谓的佣金，反而损失了39998元。当阮女士意识到自己被骗后，立刻选择了报警。公安机关从叶某处扣押了手机1部、笔记本电脑1台，并最终将在逃的叶某抓获归案。叶某到案后供述，因网络刷单兼职越来越火，他便萌生了通过这种不正当手段来骗取钱财的邪念。法院认定叶某的行为构成诈骗罪，判处其有期徒刑三年六个月，并处罚金人民币一万元。

📑 案例分析

近年来，随着互联网经济的发展以及网上购物的兴起，网店的数量也在不断增加。部分商家为了增强自身竞争力，选择了网络刷单这样的违法手段。刷单作为电商衍生词，指的是店家付款请人假扮顾客，通过以假乱真的购物方式提高网店的排名和销量，用销量和好评来吸引顾客。

不仅央视3·15晚会曾曝光过网购刷单的内幕，相关职能部门还联合开展了"网络市场监管专项行动（网剑行动）"，重点打击网络侵权假冒、刷单炒信、虚假宣传、虚假违法广告等违法行为。其中，刷单炒信情节严重的，将被追究刑事责任。

刷单行为不仅欺骗了消费者，侵害了消费者的知情权，也动摇了互联网经济的信任基石。同时，刷单也成为诈骗分子的诱饵。在兼职刷单诈骗场景中，诈骗分子会冒充网店人员向受害者发送商品购买链接，声称受害者完成商品购买操作后，货款会退还并且有返利提成。然而，当资金进入骗子的口袋后，想要回返款却是难如登天。

经调查，刷单诈骗的目标人群主要有三种：涉世未深的大学生、工资较低的社会青年以及没有工作的人。这些群体由于缺钱或者赚钱心切，很容易被虚假的招聘广告诱惑，从而落入陷阱，经济状况雪上加霜。由于刷单本身是违法的，所以受害者在经历刷单诈骗后往往不愿意选择报警，最后只能吃哑巴亏。诈骗分子正是利用了受害者的这种心理，在实施诈骗时显得有恃无恐。

任何网络行为都必须在法律的规范下进行。《中华人民共和国网络安全法》第四十六条规定："任何个人和组织应当对其使用网络的行为负责，不得设立用于实施诈骗，传授犯罪方法，制作或者销售违禁物品、管制物品等违法犯罪活动的网站、通讯群组，不得利用网络发布涉及实施诈骗，制作或者销售违禁物品、管制物品以及其他违法犯罪活动的信息。"各种刷单诈骗行为显然违反了上述规定，必将受到法律的制裁。

🔒 **为您支招**

1. 网络求职一定要擦亮眼睛。求职者应增强风险意识，不要被高额回报所诱惑。刷单行为本身即违法，切记不可触碰。如遇刷单陷阱，应及时向有关部门反映，以避免更多人上当受骗。

2. 不要随便点开陌生的链接或扫描二维码，陌生链接和二维码可能隐藏病毒或导向付款界面，一不小心，账户里的财产就可能转入他人账户。

3. 遇到诈骗时，一定要及时报警，保留相关证据，尽力挽回损失。

4. 电商平台应严格执行《中华人民共和国电子商务法》，并加强对后台管理数据的审查。对于刷单行为，应给予警告和处罚；情节严重者，应责令其下架整改。

三、游戏充值"连环套" 一月诈骗近十万

不少玩家喜欢在游戏中充值游戏币和购买装备，却不知线上充值这一行为很可能暗藏玄机，是个"连环套"。不法分子打着低价充值的幌子，欺骗一个又一个的游戏玩家。以廖某浩为首的诈骗团伙发布低价购买游戏装备的虚假广告，诱骗玩家多次充值，涉案金额近十万元，最终被警方一网打尽。

案例回放

受害者邢先生正在玩游戏时，突然有一陌生人发消息称自己低价卖游戏装备和游戏币。邢先生听后十分心动，便添加了对方的私人账号，按照对方提供的充值网址，与网站的客服人员取得了联系。根据系统提示及客服要求，邢先生通过某某宝先后共充值了11200元，却不想充值的钱全都打了水漂。

受害者高先生也有同样的遭遇。有人在游戏中发广告称以最低价卖装备，高先生信以为真，与对方取得联系后，以100元的价格购买了装备。本以为交易就此结束，但对方告诉高先生需要另外充值600元提升账号属性后才能提现。高先生在对方提供的第三方交易平台链接中进行了充值，却仍无法提现。天真的高先生还没有醒悟，又根据提示充值了1800元，当他意识到被骗后，发现对方早已将他拉黑。

此外，聂先生、奚先生也都中了相同的圈套。他们根据客服的提示充

值游戏币，对方以账户冻结需要再次充值解冻为由让他们多次支付，最终这些钱财都落入了骗子的口袋中。

公安机关立案后，很快将廖某浩等三人抓获。调查发现，廖某浩等三人在租住的公寓中实施诈骗活动。他们通过网络购买了私人账号、银行卡等物品，并购买、租借了多台电脑、手机等作案工具。根据廖某浩供述，他们发现游戏币充值和装备买卖存在巨大商机，便计划实施网络诈骗，甚至诈骗方式、诈骗说辞以及相关资料都是从网络上获取的。

廖某浩等三人分别负责推广虚假广告、冒充客服人员及支取诈骗钱款。三人在出租屋里利用几台电脑和手机进行诈骗活动，用诈骗所得钱款平摊房费、生活费，直至被捕。据统计，三人诈骗金额多达95300余元。

案例分析

廖某浩等三人利用手机游戏中的聊天系统发布虚假信息，诱骗玩家添加诈骗推广的私人账号，并提供虚假充值网站"某游网"的链接。随后，他们哄骗玩家联系由三人扮演的客服的账号，要求玩家向三人的账号充值。充值成功后，三人再以账户冻结为由，要求玩家继续充值以增加账户流水来解冻，等骗取成功后便将玩家拉黑。

在本案中，以廖某浩为首的三人诈骗团伙在一个月内获取了近十万元，却触犯了法律红线。根据《中华人民共和国网络安全法》第四十六条规定："任何个人和组织应当对其使用网络的行为负责，不得设立用于实施诈骗，传授犯罪方法、制作或者销售违禁物品、管制物品等违法犯罪活动的网站、通讯群组，不得利用网络发布涉及实施诈骗，制作或者销售违禁物品、管制物品以及其他违法犯罪活动的信息。"这三人无视上述规定，通过网络发布虚假广告骗取他人财产，应以诈骗罪追究其刑事责任。

根据《中华人民共和国刑法》第二百六十六条规定："诈骗公私财物，数额较大的，处三年以下有期徒刑、拘役或者管制，并处或者单处罚金；数额巨大或者有其他严重情节的，处三年以上十年以下有期徒刑，并处罚金；数额特别巨大或者有其他特别严重情节的，处十年以上有期徒刑或者无期徒刑，并处罚金或者没收财产。本法另有规定的，依照规定。"经审判，被告人廖某浩犯诈骗罪，判处有期徒刑四年，并处罚金人民币三万元；被告人廖某生犯诈骗罪，判处有期徒刑三年，并处罚金人民币二万元；被告人廖某龙犯诈骗罪，判处有期徒刑一年十一个月，并处罚金人民币五千元。

近年来，充值广告频繁出现在各种游戏产品中，游戏充值诈骗手段层出不穷。虚拟网络游戏的玩家众多，有些玩家为了提升游戏体验，不惜购买各种价格不菲的游戏点卡和装备，这其中蕴含着巨大的商机。只要有类似游戏低价充值的广告出现，便会有玩家主动找上门来。不法分子正是利用了人们贪小便宜的心理，在诈骗中屡次得手。与此同时，虚假的游戏充值也严重冲击着正规官网平台的充值业务，它不仅使游戏平台的形象大打折扣，也给平台的经营造成了困扰。对于游戏充值诈骗，我们既要及时明辨以免受骗，也要严厉打击，以维护网络秩序。

🔒 为您支招

1. 玩游戏买装备无可厚非，但网络世界毕竟是虚拟世界，真假难辨，不能仅凭三言两语就轻信卖家。

2. 建议广大群众，特别是网游玩家，在购买游戏装备时选择安全的交易平台，不要相信一些游戏界面里玩家发布的低价信息，也不要随意向陌生人转账、汇款，谨防上当受骗。

3. 玩家在游戏过程中要提高安全防范意识，切莫相信不明身份人员发布的买卖信息。一旦被骗，要及时保存聊天记录、发布诈骗信息的网页等证据，并立即向警方报案。

4. 玩家应合理安排游戏时间，避免沉迷网络游戏，切勿玩物丧志。

四、聊天交友开网店　团伙诈骗五十万

近年来，通过网络交友实施诈骗的案例屡见不鲜，诈骗分子的作案手段也层出不穷。许多网络诈骗人员的背后都有一个网络公司，这些公司专门招募人员，进行合伙诈骗。马先生便在网聊中结识了一位兼职开网店的"女大学生"，两人相谈甚欢。马先生为爱加盟了某宝网店，在网恋交友时许下"海誓山盟"，最后却发现这竟是诈骗团伙设下的"恋爱陷阱"。

👤 案例回放

马先生在 QQ 上添加了一个昵称为"情某饶舌"，自称为"韩某梦"的"女学生"为好友。"韩某梦"介绍自己正在读技校且兼职开网店，利润丰厚。双方在聊天中渐生好感，"韩某梦"提出希望马先生也开一个网店，这样双方可以进行友情链接（某宝店铺的推广方式，可以增长店铺人气）。

在"韩某梦"的指导下，马先生添加了一个昵称为"鹤壁某某网络"的技术老师。技术老师为马先生提供了四个套餐，金额分别为 1480 元、1880 元、2880 元、4880 元。其中，购买金额高的套餐在店铺销量少的情况下也能返还加盟费；购买金额少的餐套则只有在店铺销量多的情况下才能返还加盟费。此外，在活动期间加盟公司还有免收系统维护费等优惠活动。

在咨询过"韩某梦"后，马先生选择了套餐二，随后便向技术老师转账 1880 元。对方收款后称要给马先生装修某宝店铺。在此期间，"韩某梦"又同马先生说自己已升级为 2880 元的套餐三，让马先生再交 1000 元差价，否则无法与她进行友情链接。同时，技术老师也向马先生索要了他的账号和密码。虽然马先生在察觉不对后立刻更改了某宝账号信息，但之后"韩某梦"仍联系马先生，希望他补交1000元差价，否则双方不仅无法进行友情链接，之前交的1880元也无法退回。马先生意识到被骗后，便不再与对方联系。

事实上，女大学生"韩某梦"是由一位名为张某的男性假扮的，而技术老师也是张某的同伙，他们都在一家名为"鹤壁市某某网络科技有限公司"的诈骗公司上班。该诈骗团伙先后注册了"鹤壁市某某网络科技有限公司"和"淇县某某网络科技有限公司"，共骗取金额近五十万元。

📖 案例分析

该诈骗公司内部分工明确，主管负责公司的日常管理事务；张某等人则作为业务员，冒充在校女大学生，通过网恋的方式添加陌生男子的QQ号，谎称自己开设了网店且收益颇丰，诱骗对方加盟所谓的友情网店；之后，业务员将被害人介绍给技术老师，由技术老师负责接收被害人的转账，转账后以交纳消费者保证金等名义继续实施诈骗行为。

《中华人民共和国网络安全法》第四十六条规定："任何个人和组织应当对其使用网络的行为负责，不得设立用于实施诈骗，传授犯罪方法，制作或者销售违禁物品、管制物品等违法犯罪活动的网站、通讯群组，不得利用网络发布涉及实施诈骗，制作或者销售违禁物品、管制物品以及其他违法犯罪活动的信息。"张某等人在明知其行为违法的情况下，依然伙同他人通过互联网以交友开网店的名义实施诈骗，不仅违反了上述规定，更触犯了《中华人民共和国刑法》第二百六十六条关于诈骗罪的规定。他们理应受到法律的严惩。

法院判决认定，被告人张某在他人的纠集下，以非法占有为目的，通过虚构事实、隐瞒真相的手段，利用互联网对不特定多数人实施诈骗，已构成诈骗罪，判处有期徒刑一年六个月，缓刑二年，并处罚金人民币八千元，其他涉案人员作另案处理。

网络具有虚拟性，作案人员可以随意编造个人信息，伪造个人行为习惯，使人们在网络交流中难以判断对方意思表示的真伪。同时，作案人员善于利用"人性的弱点"，针对人们在生活压力下产生的强烈交友欲望设下诈骗圈套。此外，网络诈骗频发还与被害人防范意识不强有关，如本案中马先生随意添加网络陌生人为好友，在没有确定对方真实身份的情况下，便同意了对方的要求，结果"赔了夫人又折兵"。

另外，诈骗团伙先后两次注册公司实施诈骗，这也给网络科技公司监管部门敲响了警钟。

🔒 为您支招

1. 在网络婚恋交友时，当事人应及时、认真地核实对方身份，保持小心谨慎，探清对方的真实情况。

2. 在涉及钱财问题时，不要轻信婚恋对象以"做生意""生病"等为由提出的要钱借口，保持理性，不要被骗子的花言巧语所迷惑，不要沉溺于对方的虚情假意之中。

3. 注意保留相关证据，如交往过程中的网络聊天记录、双方通话记录、涉及金钱或利益往来的有关凭证、网友的照片以及能证明其个人身份的信息等，一旦受骗要及时报案，以防更多人上当受骗。

4. 尽量不要在网上随意添加陌生人为好友，不要随便暴露身份、财产、住址等个人信息，做到健康上网、安全上网。

五、转账十倍返现　多名"慈善家"诈骗获刑

"福利活动开始！十倍返现，最低一百返一千、最高一万返十万，每人限一次机会！"这不是天上掉馅饼的好事吗？陈先生朋友圈中一位昵称为"欧某大善人"的好友正在举办十倍返现的送福利活动，为大家"线上发钱"。多名网友信以为真，转账给这位"欧某大善人"。"欧某大善人"先引诱，再拉黑，骗取被害人数万元，最终被警方抓获。

👤 案例回放

陈先生在朋友圈中偶然看到了一则由"欧某大善人"发布的十倍返现活动消息，欧某表示自己"有钱任性"，并邀请陈先生加入。陈先生听后十分心动，通过微信转账给"欧某大善人"3000元。然而，欧某收款后却直接将陈先生的微信号拉黑，陈先生的3000元就这样打了水漂。

同样的事情也发生在韦先生身上。"欧某大善人"在网络上添加韦先生为微信好友，但韦先生并不认识对方。此后欧某在与韦先生的聊天中提到，自己在国外上班，是做慈善的，并在朋友圈提出谁有困难自己可以帮忙。欧某还频繁在朋友圈发做慈善、捐钱帮助他人以及被帮助的人发给他的感谢信等信息。韦先生认为欧某像一个做慈善的富二代，便慢慢开始相信他。

一个多月后，欧某发了一条微信朋友圈，跟陈先生看到的内容相同。韦先生询问欧某活动的真实性，欧某表示转账后能立即返钱，转账金额越多越好。韦先生通过微信转账1000元给"欧某大善人"，随后"欧某大善

人"让韦先生再转 1888 元，理由是转个好看的数字便于发朋友圈宣传，韦先生就又转了 1888 元。之后，韦先生又在"欧某大善人"的劝说下转给他 1314 元。当韦先生询问返款进度时，"欧某大善人"便以参与活动的人多、自己忙碌为由拖延。最后，韦先生的微信直接被拉黑。

原来，"欧某大善人"并非富二代，也没有做过慈善，而是钟毅某等一群诈骗犯虚构的马甲。案发后，他们陆续被公安人员抓获归案。钟毅某等五名被告人利用微信朋友圈虚构"投资一返十"的高回报骗局，诱骗被害人转账，诈骗数额达到法律规定的标准，其行为构成诈骗罪。最终，广州市越秀区人民法院判决被告人钟毅某等五人犯诈骗罪，五人分别被判处三年至一年三个月不等有期徒刑，并处罚金。无独有偶，被告人李某使用了完全相同的手段诈骗，甚至直接套用"欧某大善人"的虚假身份实施诈骗。最终，李某因犯诈骗罪，被东莞市第一人民法院判处有期徒刑四年三个月，并处罚金人民币一万元。

📖 案例分析

钟毅某等人在网上购买微信号，将账号昵称设为"欧某大善人"，通过在朋友圈发布从网上下载的豪车、别墅、海外旅游等图片，以及伪造的慈善活动照片和受助人感谢信，刻意营造富二代、热心助人的人设。钟毅某等五人分工明确，以非法占有他人财物为目的，编造"十倍返现"等虚假噱头，以吸引流量、增加粉丝等为借口实施诈骗。而李某则采用相同的作案手法，独自完成了诈骗行为。

上述被告人在网络上发布虚假信息进行诈骗的行为构成《中华人民共和国刑法》第二百六十六条规定的诈骗罪，同时也违反了《中华人民共和国网络安全法》第四十六条的规定。他们将自己包装成热衷慈善的"富二代"形象，并不断在网络上发布此类虚假信息以强化人设，导致多人上当受骗。这种作案手法实为诈骗分子的惯用伎俩。他们首先通过高频次推送"高额返利"等宣传话术吸引关注，逐步激发受害人的参与欲望，最终诱使被害人陷入骗局。

骗子常用的宣传话术包括"新开店铺增加人气，五倍返现""发红包返现，机会不多自己把握"等。更有甚者，不法分子会伪装成出手阔绰的美女或富婆，以"报复渣男"为幌子，抛出"高额返现"的诱饵，同时发布虚假返现截图来骗取人们的信任。有时，骗子为了获取更大利益，会对小额资金进行返现，等受害者完全相信后，再诱骗其转账大额资金，最终将其拉黑。

这种网络诈骗行为，一方面凸显了网络的隐匿性（又称匿名性），即个人在网络上的身份及有关信息可被隐藏。尽管这种匿名性有助于保护公民隐私，但也带来了很大的风险——骗子能够利用昵称、编造虚假身份实施欺诈。另一方面，钟毅某等人的骗术并不高明，说辞甚至违背常理，普通人稍加辨别即能识破。他们之所以能够得逞，关键在于利用了被害人的贪婪心理。本案中，陈先生和韦先生都存在贪图小利的心理，轻易相信了骗子的花言巧语，在"返利诱惑"面前丧失了理性判断能力。这一案例也提醒我们：切勿妄想不劳而获，贪图小利往往得不偿失。

🔒 为您支招

君子爱财，取之有道。我们应谨慎小心，防范网络诈骗，从思想上重视起来，做到以下几点：

1. 不要随便添加陌生人的微信号、QQ号等，防止上当受骗从谨慎添加陌生好友做起。

2. 不要轻信朋友圈里转账返现的信息，牢记天上不会掉馅饼，没有慈善家会在朋友圈里做低级慈善。

3. 不要随便给他人转账，在涉及金钱交易时，一定要先确认对方的身份。

4. 不要贪小便宜，谨慎对待朋友圈里各种各样的"福利"信息，"从南京到北京，买的没有卖的精"。

5. 如果发现被骗或在微信、QQ等社交平台上发现类似不法行为，请及时报警，避免更多人被骗。

六、非法网络售彩诈骗超十万元

"跟我买彩票，保你挣到钱！""理财分析师带领专业团队为你分析走势，中奖概率基本上能达到100%，肯定能赚钱！"网络售彩手段层出不穷，为投机者编织着一个又一个发财的美梦，但最终往往让人深陷泥潭，难以自救。诈骗分子贺某、袁某非法开设博彩网站，诱骗被害人购买彩票，通过系统操控输赢来骗取他人钱财，最终被警方抓获归案。

👤 案例回放

钟先生添加了一个微信名为"江山某画"的人为好友，此人称在"吉某"网站上购买彩票能赚钱，希望钟先生能与他一同买彩票。如果亏损，他将赔偿钟先生80%的损失；如果中奖，钟先生则需给他40%的盈利分红。钟先生决定先用几百元试试看。

钟先生在"吉某"网站上注册了账号，并给客服发送了200元的红包。对方不仅给钟先生的账号充值了200元，还赠送了10元。接着，在"江山某画"的指点下，钟先生竟中奖150元，他仿佛看到了发财的希望，于是又买了24元的彩票，中奖36元。这时，"江山某画"表示今天到此为止，钟先生便按照约定发给了"江山某画"40%的盈利分红。第二天，钟先生又通过微信客服充值了200元。

第三天，钟先生通过微信直接一次性支付了5000元，然后按照"江山某画"的购买方案，与他合买了四次彩票。前两次均购买了1000元，分别中奖 1800 元和 1600 元，收益可观。保险起见，钟先生想先提现，但网站提示需消费当天本金的 80% 才能提现。在"江山某画"的建议下，钟先生又分别购买了 3500 元和 3600 元的彩票，结果两次都未中奖。更让钟先生失望的是，"江山某画"竟将他删除了好友，这时，钟先生才意识到自己被骗了。

事实上，"吉某"网站只是贺某、袁某进行诈骗的工具。他们先让利给客户以获取信任，再让客户加大投资，然后分几笔让客户的资金亏掉。不仅如此，该网站实际上并没有提现功能，受害者转入的金钱都直接进入了骗子的账户。当客户发现自己被骗后，业务员和客服就会将其拉黑，客户在网站注册的账号也会被删除。两个月后，贺某、袁某被公安机关抓获，二人诈骗金额高达十余万元。

📖 案例分析

贺某、袁某通过网络添加被害人为好友，诱骗被害人在非法网站上购买彩票，并在背后操纵输赢，骗取他人钱财，一经发现，便立即将被害人拉黑。其中，袁某担任业务员的角色，负责通过微信添加好友，向他人推销自建的"吉某"网站内的合买彩票计划。等被害人上钩后，他就与担任客服的贺某联系接收客户的充值转账。被害人购买"彩票"后，他们会通过"中挂器"控制输赢，将网站上合买计划的编号输入中挂器中，设定中奖与否，以此来操控客户亏损。

二人以非法占有为目的，在网络上以合买"吉某"彩票投资的名义，骗取不特定人的财物，数额巨大，构成诈骗罪。法院根据《中华人民共和国刑法》第二百六十六条规定，判决如下：被告人贺某犯诈骗罪，判处有期徒刑三年二个月，并处罚金四万元；被告人袁某犯诈骗罪，判处有期徒刑二年六个月，并处罚金三万元。

彩票是社会公益事业的重要组成部分，具有积极意义。随着互联网的普及，网络彩票出现，除官方许可的外，其他网络彩票均是非法的，是利用网络平台直接参与博彩的一种形式。参与者通常以会员身份在非法网站上投注博彩，其过程受所谓"代理人"的操控，社会危害性极大。本案中的袁某便扮演了代理人的角色，其自称"金融分析师"或"投资分析师"以骗取被害人信任，诱骗其购买彩票。

　　网络上许多流行的彩票赚钱广告，其实推销的都是不合法的私彩。买私彩和黑彩均是违法行为，涉嫌赌博，要承担相应的法律责任。本案中的被害人或是对国家已经禁止网络售彩的规定不了解，误以为遇到了发财的机会；或是明知网络售彩非法，但因为贪财，便抱着侥幸心理投资购买网络彩票，一步步掉进了骗子的陷阱，最终丢了钱财。因此，大家一定要引以为戒，切勿购买网络彩票。

🔒 **为您支招**

　　1. 我国目前已叫停网络售彩业务，因此购买彩票一定要到合法的实体机构进行。

　　2. 切勿轻信朋友圈或陌生好友的宣传，防范诈骗从警惕朋友圈中的"黑手"做起。不要在不知名的网站上随意注册信息，应先查明该网站是否正规。随意注册不仅容易泄露个人隐私，而且很容易被盗走钱财。

　　3. 不要轻易相信所谓的"金融投资分析师"等身份，如需理财分析服务，应前往正规机构寻求帮助。

　　4. 购买彩票本身带有一定的博弈性质，因此，请务必保持理性，适度投注、量力而行。如遇网络非法销售彩票的行为，应及时报警。

互联网在为我们的生活带来便利的同时，也滋生了网络世界的乱象，其中一些不法分子将我国一贯严厉打击的"黄赌毒"犯罪活动转移到了线上。

通过电脑连接起的犯罪链上，一端是为了利益铤而走险的犯罪分子，另一端则是法律意识淡薄、自控能力差的网民。这中间充斥着花样百出的诱饵和陷阱，如通过网站和社交平台发布嫖娼信息、宣传非法博彩、招募贩毒人员，以及利用 App 和移动客户端传播淫秽色情视频、开设网络赌场、组织涉毒活动等。这些行为不仅严重违反了我国相关法律法规，更是给公民的人身财产安全和社会和谐稳定带来了极大的威胁。因此，对于当代网民而言，掌握必要的法律常识，学会在网络世界中明辨是非，保护自己不受不良信息侵害，显得极为必要。

一、色情直播暴露大案　涉案金额高达 2.5 亿

八月的柬埔寨西海岸热浪袭人，西哈努克港一如往日，海浪拍打沙滩，毒辣的日头炙烤着这片土地。西哈努克港因不断发展的旅游业吸引了大量华人。而在市郊，有一栋独立的三层别墅，位置偏僻，围墙上布满铁栅栏、玻璃碎片等。这里平时大门紧闭，异常平静。然而在这栋看似平静的别墅内，实则藏匿着一个涉案金额高达 2.5 亿元的特大跨国网络色情犯罪平台。

👤 案例回放

2018 年 3 月，浙江省嘉兴市公安局在工作中发现一款名为"Max"的手机 App，该 App 聚合了大量淫秽色情直播平台和视频。在国内 20 个省市负责运营的犯罪嫌疑人被捕拿归案后，该平台仍屡教不改，多次更改平台名称，试图逃避搜查并继续运营。由于主要运营人藏身国外，利用境外注册域名信息作掩护，加之各个平台共生的聚合方式，使得追查难度加大。经过四个月的排查，警方终于锁定涉案核心团伙位于柬埔寨西哈努克港。在详细周密的追捕计划下，境外毫无防备的犯罪团伙被两国警方一举拿下，18 名主要运营者被分 6 批次押送回国。至此，涉案金额高达 2.5 亿元的特大跨国网络淫秽物品传播犯罪团伙被彻底摧毁。

在柬埔寨被捕拿归案的 18 名主要犯罪嫌疑人中，李某原本也过着正常人的生活，直到他沉迷观看网络直播，并从中发现了"灰色商机"，才逐渐走上犯罪的道路。他笼络女主播，成为直播平台的"领头人"。一旦发现色

情网站，他就率其犯罪团伙主动加入，成为平台和主播的中间人，通过抽取主播的部分直播收入来获取不正当的利益。小薇（化名）便是李某手下的一名女主播，21 岁的她已经是两个孩子的母亲，在欠债丈夫的教唆下，成为一名色情主播，在非法获利一万多元时便被抓获。警方通过她顺藤摸瓜发现了"Max"平台背后庞大的跨境犯罪网络。

该聚合平台背后是一个遍布各地的庞大的非法牟利组织。用户通过付费成为会员后，即可观看该平台上的淫秽色情视频和直播。该平台的运营管理人员在国外远程操控，在国内阶梯式招收代理以发展会员。该平台聚合了一百多个直播渠道，其国内代理网络已渗透至全国 20 个省市，发展代理人员 1.6 万余名，会员达 350 余万人，涉案金额达 2.5 亿元，有数万名进行淫秽色情表演的主播。该案案情重大，涉案人员众多，传播范围广泛，影响极其恶劣。

📄 案例分析

近几年，网络直播的兴起为创业者提供了广阔的发展平台。然而，在网络直播低门槛、高盈利的运作模式下，一些危害社会秩序的毒瘤也在悄然滋生。本案的涉案人员正是利用了互联网具有较高的隐蔽性和开放性的特点，一旦一个平台被警方追踪，他们便立即放弃该平台的域名，转移"阵地"重新开张。相较于线下的色情产业，互联网仿佛为他们披上了一层很好的"隐身衣"。加之互联网的高度全球开放性和低门槛的特性，这些非法平台的扩散传播范围被极大地扩大。在高额非法利益的诱惑和侥幸心理的作用下，有些人铤而走险，走上了违法犯罪的道路。

《中华人民共和国网络安全法》第五条规定："国家采取措施，监测、防御、处置来源于中华人民共和国境内外的网络安全风险和威胁，保护关键信息基础设施免受攻击、侵入、干扰和破坏，依法惩治网络违法犯罪活动，维护网络空间安全和秩序。"该规定说明我国高度重视网络安全，严厉打击网络违法犯罪活动。但本案中的犯罪分子无视国家规定，公然传播色情内容，其平台充斥着大量淫秽色情视频，视频画面不堪入目。平台主播及会员用户数量众多，涉案金额巨大，用户中甚至存在大量未成年人。此外，该平台还利用会员流量投放广告，吸引顾客参与网络赌博，涉黄为主，诱赌为辅。这种通过恶意传播淫秽色情信息牟利的做法给全社会带来极大的危害。

犯罪嫌疑人陈某伙同周某、郭某开发涉黄直播 App 并通过销售平台卡密牟利，为逃避打击先后在中国澳门和柬埔寨等地进行网站维护和后台管理，并先后修改软件名称，其间雇用他人为平台做美工，在国内大肆发展下家代理分销卡密，从中获取巨额利润至少 800 万元，涉案总金额高达 2.5 亿元。三人的行为均已触犯《中华人民共和国刑法》第三百六十三条的规定，涉嫌传播淫秽物品牟利罪。2018 年 10 月 11 日，陈某、周某、郭某等 22 名犯罪嫌疑人因涉嫌制作、复制、出版、贩卖、传播淫秽物品牟利罪被依法逮捕，等待他们的必将是法律的严惩。

🔒 **为您支招**

1. 在纷繁复杂的网络世界中，公民需增强法律意识，提高明辨是非的能力，自觉抵制网络上的不良信息。

2. 不观看、不传播网络色情信息，及时举报一切网络色情信息传播活动。

3. 健全区域协作打击机制，由于网络色情传播通常以跨境、跨区域传播为特点，因此需要各地多部门协作配合，建立高效的协作机制。

4. 社会各界应加强宣传教育，从源头抵制色情信息。法网恢恢，疏而不漏，网络世界不是法律真空，切莫心存侥幸。远离网络色情，享受健康生活！

二、客户输钱我赚钱　网络赌球套路深

足球世界杯的到来总是能点燃球迷们的激情，这是四年一度的盛宴，也是传递积极向上精神的体育赛事。然而，在各国球队激战正酣、大家享受赛事带来快乐的同时，总有一些丧失道德底线的不法分子和法律意识淡薄的球迷，企图通过赌球来牟利。殊不知，网络赌球套路多，一不小心就会掉进非法赌博网站设计好的陷阱。

🔘 案例回放

2018 年初，镇江市公安局在侦办"某播影院"侵犯著作权案时，意外发现该网站右下角的一则异常醒目的广告，该广告引起了警方的高度关注。经查证，这则广告的费用高达 450 多万元，来自"某彩网"。根据法律规定，除财政部批准外，其他网络彩票均不合法。而该网站主页设置了"双色球""大乐透""竞彩足球"等各类彩票，中奖结果与国家发行彩票的开奖结果一致，但是赔率更高，另有额外加奖、派送红包等活动，赢得的奖金可以随时提现。经警方调查，450 多万元的广告费分别来自马来西亚籍的 5 张银行卡，警方由此认为"某彩网"为一非法私彩类赌博网站。

为了运营"某彩网"，该犯罪团伙注册成立了一家空壳公司——深圳某科技有限公司。该网站主服务器设置在菲律宾，犯罪团伙主犯也藏匿于境外，负责网站的运营管理、资金流转、遥控指挥境内负责人员，并租用国内分服务器在我国境内开设网站。为了保证网站的正常运转，他们在广东、浙江等省份租用了一大批服务器用于网站运营，并建立了备用服务系统，以确保服务器被查获或遭受网络攻击时，能迅速切换至备用系统重新上线。

该网站的实际运营者在国内大肆招揽代理，对成功发展会员下注参赌的，按比例给予资金返利。警方调查发现，该犯罪团伙成员分布在国内十余个省市以及境外，发展的代理多达 1000 余名，注册会员也遍布全国各地，人数达 75 万余名，累计接收的赌资高达 42 亿余元。

本案涉及区域广、人员多、资金量大。镇江警方经过两个多月的不懈努力，最终成功端掉了这一特大跨境网络开设赌场的犯罪团伙，抓获犯罪嫌疑人 23 名，扣押服务器 55 台、手机电脑 100 多部，团伙非法获利 7 亿多元，冻结涉案资金 1.1 亿多元。

📄 案例分析

近几年，随着互联网科技的不断进步，网民规模不断壮大，网络赌博现象也随之有所抬头。早在 2010 年，财政部发布的《互联网销售彩票管理暂行办法》便已经高度重视并整治非法网络博彩现象，其中第四条规定："未经财政部批准，任何单位不得开展互联网销售彩票业务。"2012 年，中国福利彩票发行管理中心和国家体育总局叫停网络售彩业务。因此，当下人们经常在互联网上见到的那些看似"很正规"的利用彩票赌博赚钱的广告本身就是违法的。

根据工业和信息化部《非经营性互联网信息服务备案管理办法》，中国境内接入的网站都必须备案，没有备案就是违规运营。本案中，"某彩网"为了躲避有关部门的审查，注册了深圳某科技有限公司，通过"挂羊头卖狗肉"的虚假注册方式，以合法公司的名义从事非法活动。

赌博下注的累计资金流量巨大，为了逃避安全审核，非法网络赌博平台需要一个专门的资金流动周转平台，也就是所谓的"第四方"支付平台。这些"第四方"支付平台并没有支付资质，名义上是支付公司，实际上多由第三方支付公司的内部人员私下开通。这种平台的盈利主要靠资金的周转量，因此当有"大客户"找上门时，"第四方"支付平台为了追逐利益，对非法博彩行业的业务也是睁一只眼闭一只眼地接受。为本案提供"第四方"周转服务的犯罪嫌疑人表示："支付行业好像都接这种（非法业务），就像是一个行业潜规则一样。""第四方"支付平台的这种做法，无形中助长了博彩等"黑色产业"的嚣张气焰。

为躲避国内警方的追查，主要运营人员藏身境外并遥控指挥，是网络赌博的惯用手法，也是网络犯罪的常用手段。本案中，"某彩网"网站的主服务器和主要运营人员都在境外，他们通过租用国内分服务器的方式，在我国境内开设了该网站。这些非法网站往往有强大的网站运营维护系统和反侦查"应急预案"。一旦被查处，他们就立即转移阵地重新开张，这也使得该类非法网站"死而不僵"，增加了警方彻底查处的难度。

🔒 为您支招

1. 赌博百害而无一利，广大市民应擦亮眼睛，自觉远离赌博，并积极举报身边的赌博行为。

2. 不要访问赌球、博彩等地下网站；不要随意点击类似网络赌博的不明链接；不要出租、出借、出售任何形式的个人金融账户；不要轻信高薪招工信息。

3. 应从行业管理、社会宣传教育等各方面入手，全民参与，举全社会之力打击赌博犯罪。

三、深藏剧毒的"骡子" 引出跨国网络贩毒案

互联网上信息繁杂，容易滋生一些有害信息。近些年，互联网竟也成了毒贩勾连交易的平台。虽然我国对于毒品的查处非常严厉，但总有人铤而走险，赚取这种不义之财。下面这个案件中，就有毒贩在网络上招募用身体托运毒品的"骡子"，最终被警方抓获。

👤 案例回放

2016 年 6 月 14 日，警方在咸阳国际机场抓获了一位刚落地的"旅客"。这位特殊的"旅客"张某雷可不是来西安玩的，他是用身体来"送货"的。张某雷的体内藏有 73 个、重约 500 克的高纯度毒品海洛因，这些毒品被安全套和塑料薄膜包裹着。2016 年 8 月和 11 月，使用同样手段携带毒品的李某刚、游某炳也分别在机场被民警抓获。三人均采用人体藏毒的方式乘坐飞机从云南到西安，前后时间相隔仅几个月，这一切难道只是巧合吗？

像张某雷这样通过将毒品藏于体内的方式来运输毒品的人，被称为"骡子"。警方经过对三人的审讯发现，三人虽然互不认识，但经历却极为相似。在对多起案件进行分析以及对多名"骡子"进行审讯后，警方发现全国多起贩毒案件不约而同地指向了一个代号为"飞哥"的人。随后，警方成立了"飞哥"跨国特大网络贩毒案专案组，侦查范围迅速扩大，全国多起贩毒案件被并入该案的侦查当中。警方辗转四川、贵州等 16 个省市开展艰难的调查取证工作，最终查明了"飞哥"跨国网络贩毒组织的犯罪事

实，并锁定了主要犯罪嫌疑人。随后，警方通过持续追踪，先后将6名从境外潜逃回国的涉案主要嫌疑人抓获归案。同时，在缅甸警方的协助下，该贩毒团伙的重要成员之一赵某龙在缅甸小勐拉落网。赵某龙的落网标志着"飞哥"跨国特大网络贩毒案的告破。

几名涉案的主要大毒枭都是中国人，且平均年龄不到25岁。包括"飞哥"在内的很多人最初都是在网上找工作，雇主告诉他们带一次货到目的地即可得到上万元的报酬。他们同意后，由专人带领从云南中缅边境偷渡到缅甸，经过培训后服下毒品再偷渡回中国境内送货。

通过"飞哥"跨国特大网络贩毒案的侦破，专案组在全国范围内直接破获和带破案件共240起，抓获涉案人员245人，查获毒品61.35千克。这是近年来陕西警方通过国际合作侦破的首例跨国网络贩毒案。

📖 案例分析

据《2023年中国毒情形势报告》，网络技术的发展不断催生新的勾连方式、交易模式和支付手段，网络贩毒手段更加隐蔽。目前，利用互联网涉毒行为包括利用网络贩毒、利用网络传播制毒方法、网上支付毒资、利用网络招募涉毒人员等。本案中的犯罪团伙便是利用网络平台招募运毒人员，从而以人体藏毒的方式实施跨境毒品走私活动。最高人民法院《关于审理毒品犯罪案件适用法律若干问题的解释》第十四条规定："利用信息网络，设立用于实施传授制造毒品、非法生产制毒物品的方法，贩卖毒品，非法买卖制毒物品或者组织他人吸食、注射毒品等违法犯罪活动的网站、通讯群组，或者发布实施前述违法犯罪活动的信息，情节严重的，应当依照刑法第二百八十七条之一的规定，以非法利用信息网络罪定罪处罚。实施刑法第二百八十七条之一、第二百八十七条之二规定的行为，同时构成贩卖毒品罪、非法买卖制毒物品罪、传授犯罪方法罪等犯罪的，依照处罚较重的规定定罪处罚。"这是最高人民法院针对新兴网络毒品犯罪的特点做出的专门司法解释，进一步明确了刑法相关条款的适用标准，也确保网络毒品犯罪受到应有惩处。《中华人民共和国网络安全法》则明令禁止利用互联网实施包括涉毒品类在内的各种违法犯罪活动。

网络涉毒犯罪传播范围更广、速度更快，缺少明显的犯罪现场和犯罪证据，因此查处难度也更大。利用互联网发布制毒贩毒信息的现象屡禁不止，监管部门难以迅速发现并及时处置。此外，互联网的即时通信和在线支付减少了交易双方面对面的直接接触，客观上为犯罪分子进行毒品买卖和逃避警方追查提供了便利条件。对于毒品犯罪，我国一贯采取严厉打击的态度，刑事处罚力度位居世界前列。根据《中华人民共和国刑法》第三百四十七条："走私、贩卖、运输、制造毒品，无论数量多少，都应当追究刑事责任，予以刑事处罚。……"这体现出我国打击毒品犯罪的决心。

🔒 **为您支招**

1. 树立正确三观，自觉坚决抵制毒品，不吸毒、不贩毒、不传播毒品信息、不浏览涉毒网页内容。一旦发现自己在知情或者不知情的情况下沾染了毒品，应及时就医接受隔离治疗。

2. 发现身边有人吸毒贩毒，应及时通过电话、书信、网络等形式向公安机关举报。

3. 学校、社区、工作单位及全社会各界应加强宣传教育，提高民众对毒品危害性和违法性的认识，加大禁毒宣传教育资金投入，充分利用互联网推进禁毒宣传工作。

四、微信发布招嫖信息　外籍女跨境卖淫

"嫖吗？外国的。"2018年1月，南宁市公安局治安支队接到群众举报，称有人通过手机微信发布大量诸如此类的招嫖信息，警方随即对此展开调查，于2018年4月陆续在长沙、柳州和南宁等地抓获以杨某、马某为首的23名嫌疑人，并缴获一批涉案通信设备。

案例回放

2018年1月，接到群众线索后，南宁警方立刻成立专案组进行调查。在调查取证后，警方发现，杨某、马某等人以南宁市的一些快捷酒店为据点，雇佣他人在微信、QQ等社交媒体上发布招嫖信息，通过微信完成嫖资支付流程，随后让卖淫女到酒店指定房间进行卖淫活动。

据警方介绍，该卖淫团伙利用微信群组织卖淫，该微信群内有"卖淫女""本地代理""全国代理"。"本地代理"主要负责发布招嫖信息，安排"卖淫女"从事卖淫活动；"全国代理"主要负责通过网络联系境外卖淫人员，将"卖淫女"接收到国内不同城市，并为其安排酒店住宿。该团伙分工明确，组织严密，属于典型的OTO（线上到线下）网络组织卖淫团伙。

与此同时，南湖公安分局治安大队民警在调查取证中发现，南湖辖区的一些快捷酒店中有外国籍"卖淫女"从事卖淫活动。随后，他们将这些外国籍卖淫女抓获。

经审讯，南湖警方发现该案件与南宁警方刚抓获的网络组织卖淫团伙

有不少相似之处:"卖淫女"均是通过微信获取卖淫活动信息,团伙利用微信发布招嫖信息、完成嫖资支付流程,且团伙内部有明确分工。

南湖公安分局将这一情况向南宁市公安局汇报后,南宁市公安局迅速成立专案组,联合南湖公安分局,对这一卖淫团伙展开进一步调查。调查中,警方对这一卖淫团伙及其窝点进行逐一排查。同时,专案组民警赶赴湖南、湖北等地,联合当地警方,对其他各地的相关人员进行一一排查。

在警方最终确定了该卖淫团伙的组织结构、活动范围以及涉案人员后,专案组民警联合当地警方开展抓捕行动,先后在长沙、南宁、柳州等地抓获了组织卖淫的"全国代理""本地代理"以及卖淫人员数人,并缴获一批涉案通信设备,成功打掉这一利用网络组织外国籍卖淫女在全国各地卖淫的犯罪团伙。

📋 案例分析

在当今互联网高度发达的时代背景下,各种各样的社交媒体应运而生,这使得人们之间的交流、交往日益便利。上至老人,下至中小学生,几乎人人都会在社交媒体上进行交流。而且在网络用户中,未成年人占了相当大的比例,移动端传递的淫秽、色情信息直接侵蚀着未成年人的价值观,危害着未成年人的身心健康,败坏社会风气,造成严重后果。因此,网络环境的整治极为迫切,网络安全的维护刻不容缓。

但是网络技术存在特殊性,打击依托网络技术组织卖淫的团伙难度较大。网络传播速度快,网络发布的卖淫、招嫖等信息会迅速传播开来,且难以撤销。另外,网络传播具有广泛性的特点,网络受众数量大,且部分网民对法律认识不足,难以管理。由于网络用户具有匿名性,网络管理存在一定难度,警方查处信息发布者比较困难,而且移动端巨大的存储空间也为不法分子存储、发布淫秽色情信息提供了便利。正是由于网络组织卖淫的危害更大,所以更要加大打击力度,彻查网络卖淫行为。

《中华人民共和国刑法》第三百五十八条明确规定了组织卖淫罪的定罪量刑标准,对于以招募、雇佣、强迫、引诱、容留等手段,有计划、有组织地使他人从事出卖色相活动的行为处以刑事处分,对于违法犯罪行为决不姑息。本案件中，犯罪嫌疑人利用微信、QQ 等社交媒体发布招嫖信息，同时组织线下卖淫，必须严惩。

自 2017 年《中华人民共和国网络安全法》实施以来，我国网络环境相比以前得到了极大的净化。不少违法犯罪分子纷纷落网，许多平台先后得到整治，部分发布淫秽色情等一系列有害信息的公众号被陆续取缔，网络安全得到了有效维护。不过，就目前情况来看，我国网络安全的整治仍然面临很多困难，配套法律法规仍有待完善，未来仍然有很长的路要走。

🔒 为您支招

1. 作为网民，应当洁身自好，不发布、不传播淫秽色情信息，提高自身的辨别能力，甄别有害信息，发现淫秽色情信息后及时进行举报。

2. 网络经营者应当及时筛除淫秽色情以及其他有害信息，对平台上发布的淫秽色情信息及时处置，从源头上杜绝淫秽色情信息的传播。

3. 要保护未成年人远离网络色情淫秽内容，帮助他们树立正确的网络道德观念。家长可设置网络安全软件，过滤不良网站；学校可开设网络安全课程，教会学生如何识别和抵制色情淫秽内容。

五、微信红包设赌局 倾家荡产终不还

相信大家对于微信红包都不陌生，微信红包的出现减少了现金的使用，方便了我们的日常交易，合理使用还能增进友谊。然而近年来，竟然有不法分子利用微信红包开展赌博活动。在下面这个案件中，犯罪嫌疑人就利用 AI（人工智能）技术实施网络赌博，涉案总金额高达 4.3 亿人民币，最终被警方抓获。

👤 案例回放

2018 年 2 月初，深圳南山警方接到群众举报，称有人在深圳通过建立微信群发红包的方式开设网络赌场，每日参与人数超过 200 人，日均赌资流水超过百万元。接到这一线索后，深圳市公安局随即对此展开了立案调查。

经调查，警方得知这是一个运用 AI 技术进行网络赌博的犯罪团伙。该团伙依托 AI 技术，在后台使用智能机器人进行数据操纵，以网络红包为载体，抢到红包的数字代表不同的扑克牌点数，通过在微信群内发红包进行赌博，从而实现庄家稳赢并获取暴利。

这个犯罪团伙分工明确，组织严密。微信群内设有专门的"托儿"，负责吸引赌客进群参赌，调动其赌博心理，表面上看似很多人都在赢钱，实际上一旦开始投钱就会一直输钱；有人负责"上分下分"，即将人民币换成群里赌博的点数；有人担任"发包手"，负责在群里发红包；还有人操控机器人进行数据计算和处理,以保证庄家稳赢。

面对新型的网络赌博方式,深圳南山警方充分发挥多警种作战的优势,以警务科技为支撑,线上线下全面推进,落地核查、抽丝剥茧,在短时间内摸清了整个网络犯罪团伙的脉络,锁定了嫌疑人的藏身地。

深圳警方经过缜密侦查,多警种联合出击,在全市多地同步开展收网抓捕行动。3月23日下午,南山警方抓获赌博团伙成员15人,缴获了电脑、手机、账本及相关电子证据,初步核实赌资金额达4.3亿元人民币。此后,警方陆续抓获另外4名犯罪嫌疑人,19名犯罪分子受到应有的法律制裁。至此,这起利用人工智能技术实施网络赌博的案件宣告侦破。

📋 案例分析

随着网络技术的发展,人们之间的交易往来和资金支付变得越来越便利,网络红包的诞生更是直接减少了现金的使用,方便了人们的生活。但与此同时,网络技术的发展也带来了消极的一面,许多不法分子开始利用AI技术和网络红包进行网络赌博。这种行为不仅是对自身和家人的不负责任,更是对国家法律的蔑视,必须予以严厉打击。

就目前出现的微信红包赌博案件来看,在抢红包这一过程中,其标的物为微信账户内剩余的零钱,或是由微信绑定银行卡转账的资金,本质上就是货币。因此,微信红包赌博的标的物符合赌博罪标的物为财物的特征。

《中华人民共和国治安管理处罚法》第七十条、《中华人民共和国刑法》第三百零三条和最高人民法院、最高人民检察院、公安部《关于办理网络赌博犯罪案件适用法律若干问题的意见》以及《中华人民共和国网络安全法》都对网络赌博作出了明确的禁止性规定。对于利用网络平台进行赌博的行为,根据其行为程度与社会危害性不同,行为人将承担行政责任或刑事责任。

网络赌博之所以涉案金额如此巨大,原因如下:网络赌博处于虚拟的网络环境中,钱的概念被淡化,参赌者在输掉赌局时,直接心理压力较小,因此更无节制,赌资会逐渐加大;参赌者通常会抱有侥幸心理,希望可以不费吹灰之力便"赚取千万",再加上求胜心理的驱使,参赌者便会陷入赌局，不能自拔；另外，网络赌博没有时间、空间限制，只需一台手机或电脑便可操作，这样就导致参赌者赌博更加没有节制，甚至可能24小时都沉溺其中，严重危害身心健康；不仅如此，现在网络借贷更加便捷，在输掉赌局之后，很多人都会选择通过网络借贷平台获取资金，进而加大赌博力度，越陷越深，最后负债累累，无法翻身。因此，打击网络赌博刻不容缓。

网络赌博形式多样、情况复杂。由于网络传播具有隐蔽性，且聊天群内部人员往往未进行实名认证，这在一定程度增加了国家查处网络赌博的难度。因此，在国家查处网络赌博时，需要每个公民积极配合，网络安全的维护需要国家、社会、公民的共同参与。

🔒 为您支招

1. 应用软件运营商应加强对群聊的审查、管理力度，落实实名认证制度，协助有关部门进行管理，制定切实可行的措施来规范网络社交环境。

2. 作为网民，要提高辨别能力，擦亮眼睛，识破网络赌博手法。例如，手气红包接龙、以红包金额数字押注、使用红包金额数字玩"牛牛""牌九"、使用微信"摇骰子"表情比大小等，这些均为常见的网络红包赌博形式。

3. 利用电视、广播、报纸等传统媒体以及短视频、直播等新媒体形式，广泛宣传网络赌博对个人、家庭和社会的危害。通过曝光网络赌博的典型案例，警示公众远离网络赌博。

六、取款机下露马脚 QQ群中藏猫腻

2018年3月寒冷的一天,扶余市某邮政储蓄银行自助大厅内有两个人神色慌张、交头接耳,他们究竟在干什么?随着警察快速进入大厅实施抓捕,正在进行毒品交易的两人现了原形。经过警方后续的深入调查,一个利用QQ群进行毒品交易的网络贩毒团伙渐渐浮出水面。

👤 案例回放

原来,扶余警方得到消息,将会有两个人在这里交易毒品,警方这才在此埋伏,并顺利抓到了嫌疑人刘某和张某。刘某吸食毒品多年,平时购买的吗啡留一部分自己注射,另一部分加价再卖给其他吸毒人员。张某曾因吸毒被拘留过,此次购买是供自己吸食。经警方审讯得知,刘某的毒品来自李某,随后民警经过一周的侦查,在扶余市区将李某抓获。然而,多年的侦查经验告诉警方,这起案件并没有结束。

通过调查,警方发现本市的吴某曾把毒品卖给李某,李某购买毒品自己吸食的同时还贩卖给了前述的刘某,而吴某的毒品来源于张某。张某和其上线则通过QQ群联系,QQ群中有涉嫌买卖毒品的人员60余人。由于此案涉案人员众多、案情复杂,3月30日,扶余市公安局将此案上报给松原市公安局禁毒支队,随后松原市公安局迅速成立"吴某贩卖毒品案"专案组,对这一案件进行深入调查。

经过前期侦查,警方摸清了该网络贩毒团伙的交易方式:对于"老顾客"，采用微信直接付款、快递发货的方式完成交易；对于"新顾客"，则通过第三方平台付款、快递发货的方式来完成交易。与此同时，民警还在QQ群中发现了大量毒品信息和图片，进一步查明共有5个贩卖毒品的QQ群，群内成员共3000余人。

在后期调查时，警方发现该贩毒团伙的反侦查能力极强，团队成员采用专人、专机、专号的方式进行贩毒，而且还经常更换手机、电话号码、车辆、假车牌照，经常变更吸、贩毒据点，这无疑给警方的侦查带来了极大的挑战。

2018年10月26日，在掌握了大量证据的情况下，专案组民警对涉案地区统一开展收网行动，共抓获涉案人员45人，其中41人被刑事拘留，4人被行政拘留。这起案件历时9个多月，警方跨越8省16市，终于将该贩毒团伙一网打尽。

📖 案例分析

毒品对个人、社会以及国家的危害巨大。吸食毒品伤害吸毒者的身心健康，轻则导致精神涣散、四肢乏力、头晕恶心，重则使人倾家荡产、家破人亡。毒品交易破坏社会稳定与社会秩序，给国家带来深重灾难，鸦片战争就将我国清朝拖进了半封建半殖民地社会的深渊。

在涉毒造成的人格扭曲和最高可判死刑的法律高压下，贩毒人员往往阴险狡诈、荷枪实弹，是亡命之徒，毒品犯罪常与枪支暴力犯罪相关联。真实的缉毒行动远比影视剧更加残酷，缉毒警察每天都行走在刀刃上，面对生死对决。新中国成立以后，国家对毒品一直保持零容忍、高压打击的态度。涉毒品犯罪在《中华人民共和国刑法》中的定罪量刑规定极为严厉。针对网络违法犯罪活动的增多，《中华人民共和国网络安全法》明确规定，任何个人或组织都应当正当使用网络，不得利用网络从事违法犯罪活动，这为斩断网络毒品违法犯罪的黑手提供了有力的法律支撑。

相对于传统方式，利用网络进行毒品违法犯罪的危害更大。首先，网络传播具有迅速性、广泛性的特点，在社交网络上发布、传播毒品信息会在短时间内大范围迅速传播开来，事先管控难度较大，事后消除影响比较困难；其次，网络受众群体广泛，网络中聚集了不同性别、年龄、职业的人群，其中也不乏未成年人，该群体好奇心强、辨别能力弱，最容易受鼓动吸食毒品；再次，部分网民对毒品危害和相关法律认识不足，可能会通过转发等形式间接加速毒品信息的传播，加剧了毒品信息对网络环境的危害；最后，网络传播具有隐蔽性与匿名性的特点，追踪信息的发布与传播需要消耗大量公共资源，给警方查处案件带来了困难。

🔒 为您支招

1.公民要自觉抵制毒品，如果在网络社交平台上发现有人贩卖毒品或传播毒品信息，应及时向公安机关举报。公安部网络违法犯罪举报网站为：https://cyberpolice.mps.gov.cn；公安部毒品违法犯罪举报电话为：010-66266611。

2.关注政府和相关机构发布的关于打击网络贩毒的警示和通知，及时了解最新的情况和防范措施。

3.加强禁毒宣传教育，充分利用网络、报纸、广播等媒体进行监督宣传，根据不同对象探索创新禁毒宣传教育方式方法，进一步提高群众自觉抵御毒品侵害的意识和能力。

第五章

网络造谣、敲诈、攻击

伴随着互联网信息技术的日新月异，网民自由发表言论的渠道和平台日趋丰富。然而，现实生活中却有这样一群人，他们无视法律规定，因自己的违法犯罪言论而锒铛入狱，前程尽毁：有人看到蚯蚓集体出逃，便急忙向微信好友播报"地震预警"；有人为博取"某手"平台粉丝关注，上传虚假视频造谣警察打人；犯罪团伙利诱小伙儿"裸聊"，实施网络敲诈；有人冒充记者向企业索要"封口费"；有人利用疫情搞"恶作剧"，弄得人心惶惶；还有人利用新型技术犯罪，通过 AI 换脸伪装成"好友"，轻松骗走上百万。这些人中，有的实属无心之失，有人却蓄谋已久，为了区区小利，精心算计，最终为此付出惨痛代价。

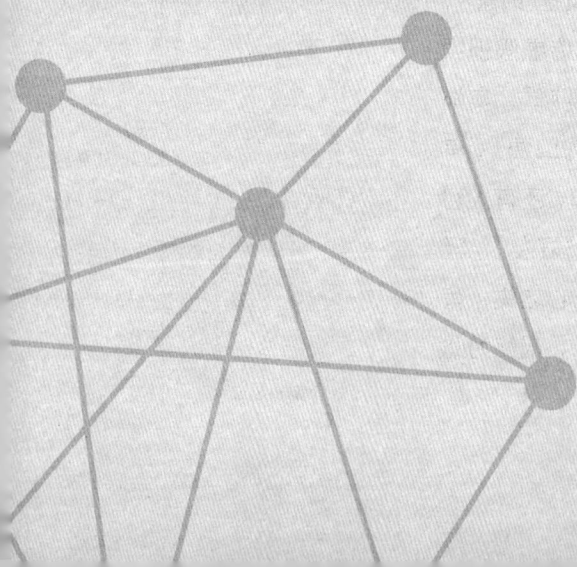

一、编造和传播地震谣言　换来三个月拘役

互联网的迅捷、及时与简易特性，极大促进了社会信息的流通，为人们的交流带来了极大便利。但正如硬币的两面，互联网也易成为谣言传播的温床。一旦虚假消息在互联网上蔓延，其潜在的影响和后果将不堪设想。聂某一案便是警示，他出于好意转发"地震预警"，却未核实消息真伪，导致谣言扩散，给社会造成恶劣影响，最终换来三个月的拘役。

案例回放

2018 年 2 月 19 日，被告人聂某在河南省汝南县的丈母娘家走亲戚。晚上九点多的时候，他在街上看到乌压压的一大片人，便上前打听情况。街上有人说："南阳地震了，蚯蚓满地爬，确山也有可能地震，人们都从家里跑出来了。"还有人在一旁急切地补充道："大队通知让大家都出来，不要待在家里。"

聂某被吓得不轻，也没时间辨别老乡说的是真是假，赶紧拿出手机在自己的聊天群里转发了一条"紧急通知"，让自己的亲戚朋友赶紧逃难。

当天晚上 10 点 07 分，他首先在"家族群 1"发布了一条信息："没睡觉的通知一下，南阳地震了，汝南这边蚯蚓都在外面乱爬，我刚看过。"之后，他还发语音让大家赶紧到外面躲避地震。过了一小时左右，他又分别在"初中同学群"和"老板家族群"里通知大家不要待在屋子里，地震快来了。

晚上十点多，正是人们在床上看手机准备入睡的时间，聂某的消息无疑让周围的人都吓破了胆，附近但凡得知此消息的人都赶紧穿上衣服，拖家带口地逃出了家门。

聂某发布"紧急通知"的三个聊天群总共 71 人，这些人又把"通知"转发给其他联系人或转发到其他社交平台，地震即将来临的消息就这样如洪水般迅速蔓延开来，给当地群众造成了严重的社会恐慌——新年喜庆气氛还没有结束，确山县的人们却在大街上绝望地等待着，他们在等待一场"已知的大灾难"。后来，有人实在受不了等待的煎熬，就打电话报了警。

政府有关部门立即采取措施，及时声明涉案信息系虚假信息，予以辟谣，蚯蚓出逃并不一定是地震先兆。最后，聂某于 2018 年 2 月 20 日被警方抓获。河南省确山县人民法院以编造、故意传播虚假信息罪判处其拘役三个月。

📄 案例分析

随着互联网技术的发展，网络谣言也越来越引起人们的重视。网络谣言传播速度快，覆盖范围广，容易引发社会震荡，危害公共安全，误导社会舆论，扰乱人们的思想和行为，甚至破坏政府公信力，损害政府形象，摧毁社会信任体系。国家对此高度重视，为保障网络安全，保护公民、法人和其他组织的合法权益，促进经济社会信息化健康发展，对网络造谣等违法犯罪行为给予严厉的惩处。

造成网络谣言的原因主要有以下几点。第一，匿名心理。网络匿名性使网民能够隐去真实的身份，如同穿上"隐身衣"般在网络空间中自由游走，不法分子便肆无忌惮地散布谣言，无视法律和道德的束缚。第二，网络谣言容易复制，传播速度快。在网络平台上，信息的复制和分享非常简单，一则谣言可以在短时间内传遍全球。第三，把关不严，网络信息难辨真伪。网上信息发布前缺乏必要的审查机制，发布后又常常疏于追责，致使信息的真实性无从考证。

《中华人民共和国网络安全法》第十二条规定："国家保护公民、法人和其他组织依法使用网络的权利，促进网络接入普及，提升网络服务水平，为社会提供安全、便利的网络服务，保障网络信息依法有序自由流动。任何个人和组织使用网络应当遵守宪法法律，遵守公共秩序，尊重社会公德，不得危害网络安全，不得利用网络从事……编造、传播虚假信息扰乱经济秩序和社会秩序，以及侵害他人名誉、隐私、知识产权和其他合法权益等活动。"

从情理上讲，聂某并无恶意，他是为了大家的生命安全着想，没来得及理智辨识地震消息的真假，就草率地在社交网络公布了这一消息，似乎情有可原；但从法律角度看，他作为成年人，不考虑后果的行为给当地群众造成了伤害，严重扰乱了社会公共秩序，构成了犯罪，理应受到刑事处罚。

这场戏剧般的乌龙闹剧里，似乎没有刻意编造谣言的"放羊娃"，也没有"狼"来。这位年轻小伙儿极度不负责任的"好心"，最后给自己带来了一个意想不到的结局。

🔒 **为您支招**

1.增强对网络信息的辨别意识和能力，保持冷静和理智，不轻信未经证实的信息。在真相不明的情况下，坚守底线，不信谣、不传谣、不造谣，共同维护网络空间的清朗与秩序。

2.为了获取准确、可靠的信息资源，应积极关注官方开设的正规信息发布渠道，通过这些权威平台及时了解最新的资讯和动态，避免被不实信息误导。

3.自觉抵制谣言，积极运用各种有效渠道和途径，对谣言进行举报。

二、一条造谣视频　换狱中十四个月

　　我国短视频行业高速发展，很多视频博主凭借自己独特的视频内容赚得盆满钵满。然而，并非所有人都能轻易通过短视频内容获得大量流量。在这种背景下，一些人开始走捷径，凭借社会热点事件编造传播网络谣言，以吸引粉丝、赚取流量。本案中，一个小伙儿就在"某手"短视频平台发布了一条虚假视频，一天内就获得了 6356 次的点击量。正在他为粉丝量和关注度攀升而欢呼雀跃的时候，冰冷的牢狱生活悄然而至。

👤 案例回放

　　吉林省吉林市丰满区某社区的约 50 名业主，因两栋楼北侧建盖高层公寓严重影响自家采光一事，心中多有不满。2018 年 3 月 24 日 8 时 51 分许，他们集体在该社区售楼处门前拉起长长的抗议条幅。社区工作人员怕造成过大的负面影响，于是上前抢条幅，与多位业主发生了激烈的撕扯行为，场面一度失控。

　　接到当地群众报警后，民警火速赶到现场，将对峙中的双方强行分开，并对双方进行劝说。就在这时，郭某看准时机，一个箭步冲到绝佳拍摄地点，高举手机录制了一条 50 多秒的视频。后来，该社区的工作人员不再争抢条幅，业主们也本着既然来了就没打算放弃的心态，一直在售楼处门前拉条幅，直到当天中午 12 点才陆续散开。

　　业主们与社区工作人员的纠纷到此告一段落，而身为"吃瓜"群众的郭某却成了这起事件的"热点人物"。他为了在"某手"短视频平台上增加粉丝量、提高关注度，故意编造了一个虚假标题——"某某地产重大事件——警察当众打人"。他觉得这个标题够吸睛，内容够震撼，并配以现场视频上传到该短视频平台上，然后扬长而去。他满心欢喜地在家坐等点击量创新高，仿佛自己马上就要成为平台上的知名博主，大把的钞票正在飞来的路上。他努力幻想着自己的成名之路，然而铁窗生活却正在慢慢向他逼近。截止到 3 月 25 日，该视频的点击播放次数已达 6356 次，在一天的时间里获得如此高的播放量，该视频已经算是一个热门视频了。

视频发布后的第二天，警方就将郭某抓获。当时，他还沉浸在粉丝暴增、关注度节节攀升的喜悦中。据悉，郭某之前曾因犯诈骗罪被判处有期徒刑六个月。出狱后的他妄想轻松赚大钱的念头依旧没改，这次又因编造、故意传播虚假信息罪而再次锒铛入狱。在接受审讯时，郭某对自己的作案动机与作案方式供认不讳。吉林市丰满区人民法院最终判决被告人郭某犯编造、故意传播虚假信息罪，判处其有期徒刑一年二个月。

📖 案例分析

一个初中文化水平的 30 岁小伙儿，没有任何生活来源，整日沉迷于短视频，妄想通过粉丝量暴增成为知名视频达人，以此获取丰厚利润与显赫地位。郭某因自身没有足以吸引眼球的视频创意，便通过编造谣言，煽动公众舆论，挑起社会的不满情绪，以增大浏览量。他基于一己私利而编造的一则网络谣言，造成了恶劣的社会影响，严重诋毁了公安民警的正面形象，破坏了团结和谐的警民关系。

现如今，网络已经成为人们日常生活中必不可少的一部分，我们用它来获取信息、娱乐消遣、交流办公等。网民不再满足于浏览单纯的文字、图片，于是风格各异的短视频软件应运而生，网民顺势从单纯的信息接收者逐步转变为制造者、传播者。小到生活琐事的记录，大到社会热点问题的关注，网络世界丰富多彩。但同时，网络世界也存在一定的不足，比如，某些软件平台的建设维护存在漏洞，无法及时准确地阻止恶性内容的传播，监管部门的监管措施也存在一定程度的滞后。

有一部分精神空虚、追逐低级趣味的人，羡慕甚至嫉妒那些知名视频博主的名气，羡慕他们可以通过一条简单的视频轻松获取可观的收益，于是将法律道德统统抛在脑后，利用网络媒体编造传播谣言、煽动社会舆论，幻想一夜成名。不法分子只需将视频、图片稍加剪辑，就能编造出一条"足以乱真"的谣言，不明真相的网友可能就会陷入这些虚假信息的陷阱。

法律不会缺位。《中华人民共和国网络安全法》的出台，为保障网络安全，维护社会公共利益，促进经济社会信息化健康发展提供了有力武器。该法在赋予公民、法人和其他组织依法享有使用网络权利的同时，也明确规定了他们必须遵守宪法法律，遵守公共秩序，尊重社会公德，不得危害网络安全等义务。违法者永远无法逃脱法律的制裁。

🔒 **为您支招**

1. 人们在上网浏览短视频时，面对各种信息，要提高自己的辨别能力，对于不确定的信息应保持谨慎态度，不轻信、不盲目转发。

2. 相关互联网平台应该履行好社会责任，依法行事，维护好平台的秩序。应积极采取技术手段排查谣言，及时删除相关链接并发布辟谣信息，完善内容审核机制。

3. 短视频平台的内容质量至关重要，短视频平台应着力加强科普与正能量内容的创作与推广。同时，应积极推动网络行业自律机制的建设，确保行业健康发展，为社会大众提供更有价值、更具启迪性的信息。

三、裸聊"美女"变"抠脚大汉" 小伙儿陷桃色陷阱被敲诈

　　如果有所谓的"美女"主动在社交软件上跟你搭讪，而且还时不时说一些带有进一步"裸聊"暗示的话，你一定要提高警惕，因为这很有可能就是犯罪分子设计好的"桃色陷阱"。下面这个案件中，就有一位血气方刚的小伙子没能抵挡住"裸聊"的诱惑，结果与对方视频到一半就被对面假装成"美女"的"抠脚大汉"给敲诈了。

👤 案例回放

　　2018年9月中下旬，寿光市公安局接到多起年轻男性的报案，报案理由竟然惊人的一致：被网络敲诈了。

　　受害人在上网的时候，有意无意地碰到了"钓"他们的"钩子"。殊不知，一张罪恶之网正在慢慢向他们扑来。在双方的联系过程中，犯罪分子询问受害人要不要视频裸聊，还称自己肤白貌美、身材好。受害人经不住诱惑，便扫描了对方发过来的二维码，开始视频聊天。在视频过程中，对面那位所谓的"美女"突然翻脸不认人，声称已经录下了视频，并威胁说不打钱就把视频发给受害人通讯录里的所有人。起初受害人还不信，心想对方怎么会有自己的通讯录，可对方展示了一串熟悉的电话号码后，受害人顿时傻眼了。

　　接到报警后，寿光市公安局成立了专案调查组。经过技术分析与缜密调查，专案组赶往吉林省延边朝鲜族自治州，在当地警方的配合下成功将

犯罪团伙六人抓获。这时，涉案金额已达到 20 余万元。

经警方审讯得知，该团伙内部分工明确且有序。有人负责从网上购买黄色视频，有人负责购买木马软件（这种木马不会自我繁殖，通过伪装自身吸引用户下载并执行，可被外部用户控制以窃取本机信息或者获取控制权），有人冒充女孩在网上"撒网"诱人上钩，有人负责录制裸聊视频。事实上，和这群小伙子聊天的，不是所谓的肤白貌美、身材好的美女，而是一个"抠脚大汉"、一个心思缜密的敲诈犯。小伙子们从视频里看到的，仅仅是经过软件加工的黄色视频而已，美女的声音也是经过人工智能软件合成出来的。在视频聊天开始之前，负责"撒网"的犯罪分子会发给"上钩"的人一个二维码，二维码里隐藏着可以窃取信息的木马病毒。受害人扫码后，木马病毒就成功植入了他们的手机，他们的通讯录也就轻易地被窃取了。在聊天过程中，这伙人偷偷录下视频，录制完成后，"美女"立马翻脸，要求受害人打钱，否则就威胁要把视频发给通讯录里的所有人。这种事毕竟不光彩，受害人往往只能选择乖乖打钱。

📄 案例分析

该犯罪团伙通过木马软件窃取被害人的通讯录，违反了《中华人民共和国网络安全法》第四十四条规定，通过网络录制裸聊视频进行敲诈勒索的行为，违反了该法第十二条规定，同时触犯《中华人民共和国刑法》第二百七十四条规定，构成敲诈勒索罪，必须承担相应的刑事责任。

通过"裸聊"进行网络敲诈，既给受害人造成了财产损失，也对他们造成了精神与心理伤害，更为严重的是破坏了网络环境的健康与安全。

本案受害人也并非完全无辜，他们根本没把"洁身自好"这四个字放在心上，缺乏自制力，在诱惑面前控制不住自己。犯罪分子就是利用了受害人因担心不雅视频曝光后名誉受损、隐私暴露和不敢报案的心理，通过威胁、恐吓等手段对受害人形成心理强制。很多受害人为了让嫌疑人删除不雅视频，往往会心甘情愿任人宰割。因此，此案的受害人在一定程度上助长了网络色情违法犯罪行为，污染了网络空间，最终他们自食恶果。

网络时代中的信息纷繁复杂，让人难以分辨其中的真伪与陷阱。网上充斥着各种垃圾信息、淫秽色情内容以及赌博等违法信息，本案的发生再次警示我们网络漏洞依然存在。因此，净化网络空间是一项长期且复杂的工程，也是必须完成的任务。

网络时代的违法犯罪活动打破了传统的地域限制。在案例中，犯罪嫌疑人最终是在吉林省落网的，而受害者绝大部分来自山东寿光。更为棘手的是，网络犯罪往往不是孤立的，而是多种犯罪交织在一起，淫秽色情、赌博、敲诈、信息窃取等犯罪活动相互伴生，形成了难以割裂的犯罪链条。这些因素无疑加大了公安机关的查处和抓捕难度，使其面临前所未有的挑战。然而，正义终将战胜邪恶，智慧终将战胜狡诈。公安机关依托网络科技的力量，发动人民群众的支持与参与，精心布下天罗地网，让网络违法犯罪无处遁形。

🔒 **为您支招**

1. 广大网友一定要洁身自好，养成健康文明上网的良好习惯，提高自制力与抗诱惑能力，不沉迷于色情内容，避免被不法分子利用而陷入"桃色陷阱"。

2. 与人视频聊天要通过正当软件，不轻易安装陌生人发来的应用程序，遇到存疑的二维码不要扫描，从源头上杜绝信息泄露。

3. 网上交友时，要保持清醒。遭到网络敲诈时，一定要第一时间报警，切不可妥协，可尝试与犯罪分子周旋，配合警方的调查工作，勇敢拿起法律武器保护自己。

四、假记者跨三省敲诈民企　想删帖就得交钱

在网络上，一则信息可能引发轰动效应，而负面信息则更容易吸引广大网友的关注。于是，有人就动起了通过删帖来牟利的歪心思，然而这看似是一条"发财路"，实则是一条"不归路"。下面这个案件中，就有一个犯罪团伙披着"记者"的外衣，通过在网上曝光所谓的"环保问题"，对企业实施敲诈勒索，严重影响几十家民营企业的正常生产经营，造成恶劣的社会影响。

👤 案例回放

2015年，在某新闻网做杂工的吴某利用自己的职务之便，以报道江苏沭阳一些乡镇的负面新闻相威胁，敲诈现金3万余元，被当地法院判处有期徒刑七个月，并处罚金。

谁知，吴某并没有洗心革面。出狱后，吴某重操旧业，继续做起了网络敲诈的勾当。他建立了"中国某某报道网"聊天群，开始招兵买马，很快就招揽到了曾经在行业报社当过记者的郭某甲，并给了他一个"中国某某报道网"信息部副主任的头衔。

从2021年起，郭某甲一边招募"记者"，一边筹备"舆论监督工作"。他前后招募了多名犯罪同伙，这些人大多是无业人员，最高学历为高中。

郭某甲把"舆论监督"的工作对准了环境污染问题，因为环境污染是各地经济发展的"敏感点"，于是他们准备对自然资源、建材等领域的相关企业下手。他们分工明确，郭某甲负责选择目标、设计路线和编辑帖子，

部分同伙负责去现场拍照，吴某负责在"中国某某报道网"发帖和删帖。他们拍到有环保问题的企业现场照片后，先根据企业位置和归属地，收集相关领导公开的手机号码，向领导发送信息，进而向企业"施压"。然后，团队就趁机向企业收取"封口费"，不交钱就曝光，想删帖的可以讲价。

2022年3月4日，他们到桐柏县某镇的两个矿业公司拍照，然后以所谓的环境污染问题威胁这两家公司，收到删帖费1.4万元。同年3月18日，他们又以拍照发帖威胁另一家矿业公司，获得封口费6000元。后续，郭某甲以合作为名义，声称若该公司每年支付30万元，便承诺不再发该公司的负面报道，但被该公司拒绝。郭某甲愤怒发帖，帖子被多家网站转发，后该公司被迫支付了1.1万元删帖费。2021年9月至2022年3月，这些人先后在南阳、平顶山、焦作等地开展所谓的"舆论监督"工作，获得非法收入30万元。

之后，该犯罪团伙成员已陆续被抓获，他们受到了法律的公正审判与严厉制裁。

📖 案例分析

网络敲诈和有偿删帖是互联网发展的"衍生品"。网络敲诈主要是指不法分子以在互联网上通过发布、删除等方式处理负面信息为由，威胁、要挟他人索取公私财物的行为，最常见的表现形式就是"不给钱就发稿上帖""给钱就撤稿删帖"。有偿删帖主要是指违反国家规定，收受他人财物，为他人删除、下沉、稀释网上信息的行为。近些年，这类违法犯罪行为层出不穷，生长成了网络的"毒瘤"。

最高人民法院、最高人民检察院《关于办理利用信息网络实施诽谤等刑事案件适用法律若干问题的解释》第六条规定："以在信息网络上发布、删除等方式处理网络信息为由，威胁、要挟他人，索取公私财物，数额较大，或者多次实施上述行为的，依照刑法第二百七十四条的规定，以敲诈勒索罪定罪处罚。"第七条规定："违反国家规定，以营利为目的，通过信息网络有偿提供删除信息服务，或者明知是虚假信息，通过信息网络有偿提供发布信息等服务，扰乱市场秩序，具有下列情形之一的，属于非法经营行为'情节严重',依照刑法第二百二十五条第(四)项的规定,以非法经营罪定罪处罚:(一)个人非法经营数额在五万元以上,或者违法所得数额在二万元以上的;(二)单位非法经营数额在十五万元以上,或者违法所得数额在五万元以上的。实施前款规定的行为,数额达到前款规定的数额五倍以上的,应当认定为刑法第二百二十五条规定的'情节特别严重'。"本案中,郭某甲、吴某等人冒充记者,以发布负面报道为由威胁多家企业,因敲诈大量钱财,严重扰乱了企业的生产秩序,造成恶劣的社会影响,犯敲诈勒索罪被判处有期徒刑五年六个月至八个月不等。该犯罪团伙中的另一名成员郭某乙,因有偿提供删除网络信息服务,并通过网络"黑客"手段删除网络信息,情节严重,最终被以非法经营罪判处有期徒刑一年。上述被告人均被并处一万元至五万元不等的罚金。

互联网为我们的生活带来了无限可能,也为不法分子提供了施展骗术的空间。不法分子利用企业或个人在工作中的漏洞和失误实施敲诈,而很多企业因忌惮互联网的影响力,维权之路困难重重,往往因缺少证据、侦破难度大等原因选择忍气吞声,"破财免灾"。

维护网络安全是维护社会稳定的重要组成部分,针对网络敲诈和有偿删帖等突出问题,我们还需齐心协力,共同铲除"有偿删帖"这朵网络"恶毒之花",为网络秩序正本清源。

🔒 为您支招

1. 网友在意识到自己的合法权益受到侵害时,不应顺应对方的有偿删帖要求,否则将贻害无穷;同时,也不要激化矛盾,应通知网站管理员请求删帖;情况严重的,可报警处理,依据相关法律法规要求对方停止侵害、恢复名誉、消除影响、赔礼道歉及赔偿损失。

2. 网络平台、网络公司应加强内部人员的规范管理,强化内部防控措施。尤其是专业新闻网站,更要切实担负起新闻媒体的社会职责,绝不能让违法犯罪分子有机可乘。

3. 应加强社会监督,鼓励公众和媒体对有偿删帖行为进行监督和曝光,公开典型案例,以起到警示作用。

五、利用疫情恶作剧　换来八个月刑期

　　新冠疫情期间，疫情的形势变化牵动着每一个国人的心。为了减少接触新冠病毒的概率，很多人宅在家里，社交媒体成为人们了解疫情变化的主要渠道。但是，网络信息纷繁复杂，一些错误的疫情信息和谣言很容易被迅速传播，进而引起社会恐慌。所以说，疫情"玩笑"开不得，这不，本案件的刘某就因为自己的"恶作剧"被判刑了！

👤 案例回放

　　2020 年 1 月 24 日，暂住在北京市通州区某小区内的刘某闲来无事，竟然萌生了利用疫情搞"恶作剧"的歪念头。他先是在社交平台上编造其感染新型冠状病毒后到公共场所通过咳嗽方式向他人传播的虚假信息，然后通过各种聊天群传播，直接覆盖人数超过 2700 人。这则虚假信息被他人转发后，引起了一定群体的恐慌。

　　通州警方接到市民反映，称有网友发帖，自称感染新型冠状病毒，故意前往人员密集场所传染给公众。公安机关立即采取紧急应对措施，多个职能部门参与处理本案的相关事项，及时控制信息传播，避免造成大面积人员恐慌和公共场所秩序混乱，同时迅速展开调查。警方耗时两天多，于 1 月 26 日将发帖人刘某抓获。经过细致检查，警方发现刘某并未感染病毒，身体健康。刘某也如实供述了他的犯罪动机——搞恶作剧。

　　刘某的行为不仅使疫情防控间原本紧张的社会氛围进一步升级，还导致相关职能部门不得不采取紧急措施，耗费了本可用于疫情防控的宝贵资源。法院经审理认为，被告人刘某在疫情防控期间编造虚假疫情信息在网络上传播，严重扰乱社会秩序，其行为构成编造、故意传播虚假信息罪，判处被告人刘某有期徒刑八个月。

📖 案例分析

网络社交媒体的发展为人们提供了更多的表达空间。在自然灾害、公共卫生等敏感领域发生突发事件时，公众可以通过互联网渠道发表意见，这些意见中也夹杂了一些过激言论和网络谣言。尽管我国宪法赋予了公民言论自由的基本权利，但是滥用言论自由，通过网络或其他媒体编造、传播虚假信息，必然会受到法律的严惩。

《中华人民共和国突发事件应对法》第七条第二款规定："任何单位和个人不得编造、故意传播有关突发事件的虚假信息。"《中华人民共和国刑法》第二百九十一条之一第二款规定："编造虚假的险情、疫情、灾情、警情，在信息网络或者其他媒体上传播，或者明知是上述虚假信息，故意在信息网络或者其他媒体上传播，严重扰乱社会秩序的，处三年以下有期徒刑、拘役或者管制；造成严重后果的，处三年以上七年以下有期徒刑。"

本案中，刘某故意编造自己感染新型冠状病毒的信息，并通过网络向不特定的多数人传播，不仅引发了公众的恐慌，还导致政府部门在抗疫工作极度紧张繁重的情况下，耗费大量人力物力去核查信息，挤占公共资源，严重扰乱了社会秩序。因此，刘某因犯编造、故意传播虚假信息罪，被法院判处有期徒刑八个月。

在疫情期间，公众对疫情信息的需求和关注度极高，准确的信息对于疫情防控至关重要。夸大疫情的严重性、制造谣言和阴谋论、推销伪科学治疗方法等制造和传播虚假信息的行为，不仅会给公众带来恐慌和混乱，还可能干扰疫情防控工作，增加公众感染风险，给社会和人民的健康安全带来严重危害。此外，过多的虚假信息会影响公众对信息的判断，引发信任危机和社会问题。

公共卫生安全不是小事，是关乎每个人生命安全的大事。网络世界并非法外之地，在公共卫生事件发生期间，作为普通公民，我们更应该遵纪守法，谨言慎行，不信谣、不传谣、不造谣，同舟共济，克服困难。

🔒 **为您支招**

1. 关注官方发布的公共卫生信息、专业医疗机构的公告以及可信媒体的报道，以获取准确、可靠的信息。

2. 增强自己的判断能力，注意核查信息的来源、发布时间、是否有权威支持和证据支持等，谨防"伪专家"的言论。

3. 自觉抵制网络谣言，不转发或分享来源不明、未经证实的信息。若发现疑似谣言的信息，可向网信、公安部门举报。

4. 互联网企业和网站应建立严格的内容审核机制，及时发现和删除谣言信息，减少其传播范围；还可以设立专门的举报渠道，鼓励用户积极举报谣言。

六、遭遇 AI 换脸新骗局　十分钟被骗走 430 万

　　随着人工智能技术的不断发展和广泛应用，AI 诈骗也愈发猖獗。许多不法分子利用 AI 技术伪装身份、欺骗受害者，造成巨大的经济损失和个人隐私泄露。谁能想到，有一天，和自己微信视频通话的好友竟然是诈骗分子用 AI 技术伪造的"假人"呢？本案件中的郭先生就轻信了自己的"好友"，十分钟内被骗走 430 万，这究竟是怎么回事呢？

🔘 案例回放

　　2023 年 4 月 20 日 11 时 40 分左右，福州市某科技公司法定代表人郭先生的好友突然通过微信视频联系他，说自己的朋友在外地竞标，需要 430 万的保证金，并且需要公对公账户过账，所以想要借郭先生公司的账户走个账。好友向郭先生索要了银行账号，并声称已成功将资金转入郭先生的账户。此外，他还通过微信向郭先生发送了银行转账底单的截图作为证明。

　　基于视频聊天的信任，郭先生在未核实资金是否到账的情况下，于 11 时 49 分将 430 万元分两笔转账给对方。转账完成后，郭先生通过微信向好友发送了一条消息，表示事情已经处理完毕。然而，令他始料未及的是，好友回复的消息竟然只有一个问号。

　　郭先生紧急致电好友，对方却表示没有这回事。这时，他意识到自己已经陷入了一场"高端"骗局。原来，对方利用 AI 换脸技术伪装成郭先生的好友，以此实施诈骗行为。

郭先生说:"从头到尾都没有和我提借钱的事情,就说会先把钱给我打过来,再让我给他朋友账户转过去,而且当时是给我打了视频的,我在视频中也确认了面孔和声音,所以才放松了戒备。"

需要注意的是,骗子并未使用一个仿真的好友微信号添加郭先生为好友,而是直接使用好友的微信号发起视频通话,这也是郭先生被骗的原因之一。骗子很可能通过技术手段盗取了郭先生好友的微信号。

反应过来的郭先生立马报了警。幸运的是,在接到报警后,福州和包头两地的警方和银行迅速启动了止付机制,成功拦截了336.84万元的资金。然而,仍有93.16万元的资金被转移,警方还在全力追缴中。

📖 案例分析

随着科技的发展,骗子的诈骗技术也在更新换代。近年来,利用 AI 技术进行电信诈骗成了骗子诈骗的新手段,并且成功率相当高。

《中华人民共和国刑法》第二百六十六条规定:"诈骗公私财物,数额较大的,处三年以下有期徒刑、拘役或者管制,并处或者单处罚金;数额巨大或者有其他严重情节的,处三年以上十年以下有期徒刑,并处罚金;数额特别巨大或者有其他特别严重情节的,处十年以上有期徒刑或者无期徒刑,并处罚金或者没收财产。……"在本案中,骗子利用 AI 技术手段,通过远程、非接触等方式诈骗郭先生 430 万元财物,明显符合该罪的构成要件。

AI 诈骗的方式有很多,本案件中的诈骗分子主要是通过声音合成和 AI 换脸技术模仿郭先生的朋友和郭先生进行视频通话,从而获取其信任。AI 换脸、AI 换声主要使用的是深度合成技术,伪造的内容极度真实,识别真假异常困难。诈骗分子利用了人们普遍存在的"眼见为实"的心理,降低了受害者的警惕性,这也是郭先生落入诈骗陷阱的重要原因。

此外,诈骗分子也不是漫无目的地广撒网,他们会使用 AI 算法分析个人信息和社交媒体数据,以了解受害者的兴趣、喜好和行为模式,从而更有针对性地进行诈骗活动。之后他们会进行伪装,有的会冒充目标对象的朋友或亲人实施诈骗;有的会伪装成运营商、银行、航空公司等官方,通过发送诈骗短信的方式进行欺诈;还有的则通过仿制网站或应用程序的方式,来骗取他人的个人信息、账户密码或支付信息。各种诈骗手段五花八门，让人眼花缭乱，防不胜防。但不管骗子使出什么招数，捂紧自己的钱袋子最重要！

幸运的是，福州和包头两地的警方和银行立即启动了止付机制，成功拦截了大部分资金。这一事件再次提醒我们，一旦意识到自己可能遭受诈骗，应立即报警，以便及时采取措施减少经济损失，及时行动对于保护个人财产安全至关重要。

🔒 为您支招

1.增强安全意识，通过了解常见的 AI 诈骗手段来提高自身安全防范意识，定期关注网络安全新闻和预警信息。一旦察觉到自己可能遭遇诈骗，应立即向当地警方报案，并主动提供相关证据和信息。

2.对不寻常或可疑信息保持高度警觉，不轻易相信陌生人所声称的身份，也不随意提供个人敏感信息。避免在不可信或未知的网站、应用程序上泄露过多个人信息。

3.避免点击来自不可信来源的链接，特别是通过电子邮件、社交媒体或短信收到的链接。在访问网站时，应验证其真实性和安全性；使用高强度密码，并定期更改密码；启用多因素身份验证，以增加账户的安全性。

在互联网信息技术高速发展、网民数量迅猛增长的今天，公众发表言论的空间和载体日益多样化，表达个人情感和想法也变得愈发方便快捷，特别是通过微信、微博等平台，人们似乎可以毫无约束地尽情表达自己的观点。然而，诸如侮辱、诽谤等侵害他人名誉和隐私的行为，也由线下延伸至线上的社交网络平台。由于这些平台受众广、信息传播速度快，因此产生的影响范围也更广。网络上的侮辱英烈、上传隐私照片、侮辱诋毁他人等行为，不仅严重违反了我国法律规定，破坏了社会秩序与公序良俗，而且给当事人带来了极大的伤害。

俗话说："良言一句三冬暖，恶语伤人六月寒。"有些人或是为了发泄生活中的愤怒，在网上诋毁他人；或是为了满足自己的虚荣心，以损害他人为代价博取他人的眼球；或是为了赚取流量，在网络中恶意宣传。互联网绝非法外之地，公众在享受言论自由的同时，必须谨言慎行，坚守道德和法律的底线。本章分析了近年来的案例，希望能为读者提供一定的借鉴。同时，也郑重告诫那些试图在网络上进行侮辱、诽谤他人等不良行为的人，他们必须为自己的所作所为付出沉重的代价。

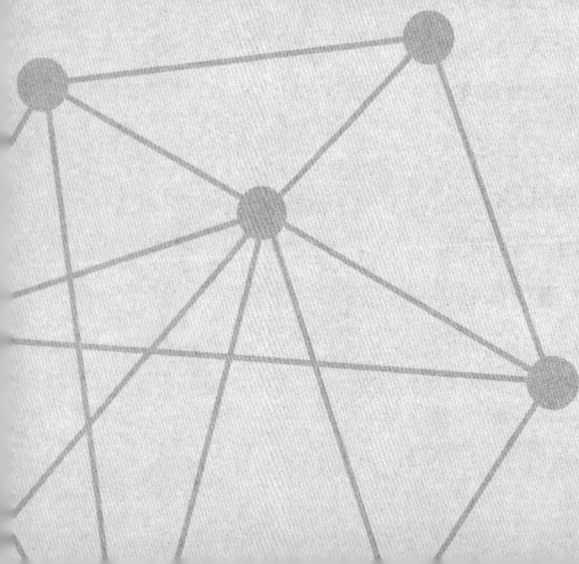

一、侮辱英烈　必须道歉

革命先烈是我们民族历史的重要组成部分，他们的精神是民族精神的象征，先烈英雄的形象不容有一丝丑化和恶搞。而在本案件中，某短视频平台竟在某搜索引擎上投放了一则名为"邱少云被火烧的笑话"的广告，将革命先烈的英雄事迹恶意歪曲，使之成为其推广的噱头。但是，任何网络娱乐行为都不应该跨越法律的底线。随后，多家网络公司被要求整改，并暂停了相关广告业务。

👤 案例回放

2018 年 6 月 6 日，某短视频平台在某搜索引擎公司投放的广告中出现了对先烈邱少云不敬的内容，其广告名称为"邱少云被火烧的笑话"。当用户点击搜索结果下方的链接时，会直接跳转至该软件的下载页面。与此同时，该视频页面上方也展示了同名的广告条幅。事情发酵后，该短视频平台在当日下午发布致歉声明，称因为工作失误，对英烈造成不敬，表达了深深的歉意。平台还解释称，其推广业务是委托给外部公司做的，因此出现了这样的失误，他们将深刻反省，杜绝此类事情再次发生。而这距离职能部门立案调查"某走漫画"和该短视频平台仅仅过去一周时间，该短视频平台不但没有引以为戒，反而在广告投放中再次出现了对英烈不敬、侮辱英烈的内容，实属不该。

当日下午，该短视频平台官方发布致歉声明的同时，北京市网信办、市工商局针对该平台在搜索引擎投放广告中出现的侮辱英烈内容问题，依法联合约谈了涉事的两家公司，责令其立即清除相关违法违规内容并进行严肃整改。

2018年6月底，国家网信办指导北京市网信办会同北京市工商局，依法对五家相关的网络公司进行了约谈，针对投放的广告中出现侮辱英烈内容问题，要求五家公司自约谈之日起启动广告业务专项整改。约谈要求五家公司全面自查清理涉及侮辱、调侃英雄烈士的信息，不得将邱少云等英雄烈士的姓名、肖像用于商业广告，以免损害英雄烈士的名誉、荣誉；对所有广告审查人员、信息安全人员进行政策法规、社会主义核心价值观和革命历史教育培训；完善广告审查机制，将广告审查纳入总编辑负责制；切实落实公共信息巡查、应急处置等网络安全主体责任制度。五家公司负责人表示，将严格按要求整改，自行暂停相关广告业务。

📄 案例分析

英雄英烈的事迹和精神是中华民族共同的历史记忆和宝贵的精神财富，先烈们为共和国的建立做出了重大贡献，任何调侃亵渎英烈的行为都是无法容忍的，也严重违背了我们所倡导的价值观。投放广告本来是正常的商业行为，但是拿革命英烈邱少云作为宣传噱头，既是对英雄的不敬，也伤害了人民的感情。

该短视频平台和搜索引擎平台未尽到依法审核义务，通过网络制作、发布侮辱英烈的广告，涉嫌违反《中华人民共和国网络安全法》第十二条"……任何个人和组织使用网络应当遵守宪法法律，遵守公共秩序，尊重社会公德……"和第四十七条"网络运营者应当加强对其用户发布的信息的管理，发现法律、行政法规禁止发布或者传输的信息的，应当立即停止传输该信息，采取消除等处置措施，防止信息扩散，保存有关记录，并向有关主管部门报告"的规定。《中华人民共和国英雄烈士保护法》第二十二条规定："禁止歪曲、丑化、亵渎、否定英雄烈士事迹和精神。英雄烈士的姓名、肖像、名誉、荣誉受法律保护。……任何组织和个人不得将英雄烈士的姓名、肖像用于或者变相用于商标、商业广告，损害英雄烈士的名誉、荣誉。……"因此，该短视频平台必须就本次事件造成的不良影响承担包括赔礼道歉、消除影响在内的法律责任。

　　近年来，网络上频频出现诋毁、侮辱英雄先烈的事件，其背后的原因主要在于某些行为人受利益驱使，为追求点击率、**博取关注，不惜**迎合部分心理扭曲者的不正当需求。这种行为**不仅错误地**引导了广大网民，**特别**是未成年人的价值取向，更是对历史事实**的不尊重、否认**，严重损害了国家的形象，对国家利益构成了极大危害。**因此，必须对其严厉打击。**

🔒 **为您支招**

　　1.平台要严格自律，倡导用户正确使用**软件，对在平台上发布的有关**信息、视频、广告内容必须认真履行自我**审查责任，依法依规发布相关信**息和广告，弘扬社会正能量，维护社会公共利益。

　　2.任何组织和个人应当自觉维护英雄烈士的尊严和合法权益，遇到侮辱、诽谤或侵害英雄烈士的行为，应及时向负责英雄烈士保护工作的部门、网信、公安等有关部门举报。

　　3.广大网友应加强个人网络素养，发表正面言论，谴责侮辱英烈的行为，共同维护网络环境的正能量。

二、网络侮辱司法人员 遭法律制裁

依法保障法官合法权益，是实现司法为民、公正司法的必要前提。而在本案件中，郭某因不服法院的判决，竟在网上侮辱、诋毁司法工作人员，以此发泄自己的愤怒。原本到了可以安享晚年的年纪，他却偏偏恣意生事；原本是一场可以避免的灾祸，他却执意挑战法律底线，"按键伤人"。直到悔恨的泪水落下，他才幡然醒悟，泄私愤之举实不明智，网络世界更非法外之地。

案例回放

2019 年 3 月份开始，东营市的郭某在网络上"业务繁忙"，经常在某社区、论坛、网站上活跃，成为一名名副其实的"键盘侠"。他突然频繁使用网络的用意何在？发帖的具体内容涉及什么？一切似乎不得而知。然而真相却在郭某被抓的那一刻浮出水面。

2019 年 3 月，东营市中级人民法院对郭某诉刘某毅民间借贷纠纷一案作出二审判决。郭某对判决结果不服，却并未按照法定程序进行申诉、提请再审或提请人民检察院抗诉，而是利用网络发泄对法官以及司法人员的怨气。他开始在网络上发布侮辱诽谤的内容，全是恶劣低俗的帖子，一页页、一行行的内容极尽怨恨、诅咒，令人发指。东营市中级人民法院在网上获取相关图文证据后，对郭某进行了训诫，告诫他停止在网上发布具有攻击性的内容。

法院的批评教育并未使郭某认识到自己的错误，他依然无视法律法规，利用互联网再次公然挑衅。郭某不但没有停止对法官的谩骂，反而变本加厉，其极端的言论、激烈的语言不堪入耳，给法院造成了恶劣影响，严重损害了法官的人格尊严与名誉，破坏了司法权威。郭某的侮辱诽谤行为已构成妨碍民事诉讼的行为。

6月27日，东营市中级人民法院根据《中华人民共和国民事诉讼法》的相关规定，对郭某依法作出司法拘留十五日、罚款三万元的处罚决定。

在收到处罚决定后，郭某悔不当初，终于对自己的违法行为做出了深刻的检讨与反省，并表示今后将严格依法表达个人诉求，绝不再犯类似错误。

📖 案例分析

由于网络具有身份隐秘性与信息开放性的特点，有些网民误以为自己的身份无法查实，甚至有人以为网络行为不需要承担法律责任。因此，与传统社交相比，网络言论更加随意，也出现了谩骂、侮辱、诽谤、诬陷、攻击等违法犯罪现象，严重影响了网络的安全有序发展。没有规矩不成方圆，《中华人民共和国网络安全法》的出台，为网络世界的秩序规范提供了法律依据。该法明确规定，不得利用网络从事违法活动，违法行为人要承担相应的法律责任。

本案中，郭某心胸狭窄，不能正确面对诉讼结果，通过在互联网上捏造事实诋毁司法机关与司法人员。在受到批评教育后，他仍然不能清醒地认识到自己的错误，反而更加肆无忌惮，最终受到了严厉的司法制裁，实在是可悲又可恨。道德水平的缺失和法律意识的淡薄使郭某知错不改，屡次触碰法律底线，实在不可容忍。由于法院处置迅速，控制措施得当，才没有造成太严重的后果，因此郭某的行为尚不足以构成犯罪，对于他来说，已经是不幸中的万幸了。

《中华人民共和国民法典》第一千零二十四条第一款规定："民事主体享有名誉权。任何组织或者个人不得以侮辱、诽谤等方式侵害他人的名誉权。"法律禁止侮辱、诽谤等行为，通过网络侮辱、诽谤他人同样要承担法律责任。侮辱、诽谤行为情节严重的，还要承担刑事责任。

网络属于公共空间，不论是谁都要为自己的言行负责，国家保护网络言论自由，但决不允许侮辱、诽谤等行为的存在。当事人如果对法院的判决有异议，可以通过法律途径寻求救济，合理合法地表达诉求，而不是采取非法途径和暴力手段。发表侮辱性言论，故意诽谤、辱骂司法工作者，在网络上发泄情绪，向司法机关施压，此等行为严重扰乱网络空间公共秩序，影响正常司法活动，损害司法公信力，必将受到法律严惩。

🔒 **为您支招**

1.人民法院是国家审判机关，人民法官依法行使法律赋予的审判权。当人们对人民法院作出的裁判不服时，应该合理合法地表达诉求，不能到网络上发表侮辱性言论，否则终将害人害己。

2.广大网友应该认清网络侮辱性言论的危害，自觉抵制其传播，并制止他人传播，切勿触碰法律的底线。

3.网站平台应完善监管审核机制，分类处置网暴账号，严厉打击恶意营销炒作等行为，切实提高自身的社会责任意识。

三、取快递竟被造谣出轨　网络玩笑应有底线

互联网快速发展的同时，网络暴力现象层出不穷。即便没有做错事，也可能在网络空间中被素未谋面的人恶语相向，被质疑，隐私被暴露，成为人们口中的谈资。本案件中，谷女士仅仅是取了个快递，就被并不相识的便利店店主朗某偷拍，并被造谣成"风骚少妇"。这件事不仅给谷女士的身心造成了严重影响，也对社会秩序产生了极大的危害。

👤 案例回放

2020年7月，浙江省杭州市余杭区的谷女士像往常一样到小区快递驿站取快递。但是令谷女士没想到的是，这竟然会成为接下来一段时间困扰她的噩梦。

就在谷女士取快递的时候，附近便利店的店主朗某对她进行了偷拍。之后，朗某和他的朋友何某分别饰演谷女士和快递员两个角色，编造了"女子出轨快递小哥"的对话。一个月后，一段9秒的视频和编造的聊天截图在网上被疯狂转发，这则"证据确凿"的"桃色新闻"甚至登上了微博同城热搜。谷女士平白无故被打造成了一个独自在家带孩子的"女富婆"，还被塑造成一个不甘寂寞勾引快递小哥的"风骚少妇"。随着谣言的广泛流传，谷女士的生活受到了严重的影响，她遭到众多网友的谩骂，被邻居和同事议论，甚至还有国外网友发来信息对其进行辱骂。

忍无可忍之下，谷女士在8月7日向警方求助。8月13日，杭州市公

安局余杭区分局发布警情通报，称嫌疑人郎某与何某为博眼球，捏造暧昧聊天内容，并将摄录的视频和聊天内容截图发至聊天群，造成不良社会影响。对此，公安机关依法对郎某、何某分别处以行政拘留9日的处罚，并要求他们录制道歉视频。

因为处理此事，谷女士耗费了大量的精力和时间，且被当时在职的公司劝退，身体和精神状态更是一落千丈，被诊断为抑郁状态。但是朗某和何某发布在网上的道歉视频却仅仅表示自己"开了个玩笑"，加害者的轻描淡写让谷女士无法接受。对此，谷女士表示，造谣者道歉并无诚意且拒绝赔偿。

10月26日，谷女士向杭州市余杭区人民法院以郎某、何某涉嫌诽谤罪提起刑事自诉。2020年12月22日，在最高检和上级检察院的指导下，余杭区检察院向杭州市公安局余杭区分局发出检察建议书，建议公安机关立案侦查。因为嫌疑人的行为不仅严重损害了被害人的人格权，还严重扰乱了社会秩序，2021年2月26日，该案件由自诉转为公诉。2021年4月30日，此案件一审宣判，以诽谤罪分别判处被告人郎某、何某有期徒刑一年，缓刑二年。

📖 案例分析

"造谣一张嘴，辟谣跑断腿。"谣言在网络空间的传播速度之快、影响范围之广，使其危害成倍放大。侮辱诽谤他人的行为，一旦在互联网上扩散开来，其恶劣影响便难以遏制。这种行为不仅侵害了当事人的名誉权等合法权益，也会对网络管理秩序带来严重负面影响。无论是从公共治理的角度还是个人维权的层面出发，我们都应对此持"零容忍"的态度。

《中华人民共和国民法典》第一百一十一条规定："自然人的个人信息受法律保护。任何组织或者个人需要获取他人个人信息的，应当依法取得并确保信息安全，不得非法收集、使用、加工、传输他人个人信息，不得非法买卖、提供或者公开他人个人信息。"第一千零二十四条第一款规定："民事主体享有名誉权。任何组织或者个人不得以侮辱、诽谤等方式侵害他人的名誉权。"网络诽谤对他人的"杀伤力"极大，对网络社会本身的冲击也十分明显，容易让人们失去安全感。

《中华人民共和国刑法》第二百四十六条规定："以暴力或者其他方法公然侮辱他人或者捏造事实诽谤他人，情节严重的，处三年以下有期徒刑、拘役、管制或者剥夺政治权利。前款罪，告诉的才处理，但是严重危害社会秩序和国家利益的除外。通过信息网络实施第一款规定的行为，被害人向人民法院告诉，但提供证据确有困难的，人民法院可以要求公安机关提供协助。"本案中，朗某、何某出于追求刺激、博取关注等原因，捏造事实，并在信息网络上大肆散布，严重侵害了谷女士的人格权，影响了她的正常生活，二人均已经构成诽谤罪。且由于二人的行为已严重危害社会秩序，因此本案件由自诉转为公诉。

此外，朗某偷拍视频时并不认识谷女士，他们是随机选取对象编造虚假信息，这让身处网络社会的广大网友们产生了强烈的代入感和恐慌。谁都不知道自己会不会成为下一个"谷女士"，这给公众带来了极大的不安全感，严重影响了网络社会的公共秩序。

🔒 **为您支招**

1. 增强道德自律意识和底线意识，无论是在网络环境还是在现实社会中，都不得贬损他人人格、损害他人名誉，应谨慎发言，共同营造风清气正的网络环境。

2. 面对网络暴力时，应及时、合法、有效地固定证据，通过司法途径依法维权，要求施暴者承担相应的法律责任。

3. 主动学习法律规定，充分认识网络谣言的危害，增强反网络暴力的安全意识，做到安全文明上网。

四、泳池起冲突 女子不堪网暴自杀

一场因泳池碰撞引发的冲突，最终如何演变成网络暴力，导致当事人自杀身亡？2018年8月20日，常某一与安某某、乔某某在泳泳馆发生矛盾冲突，调解未果。之后，常某一将安某某和乔某某的个人信息和泳池视频在网上曝光，并配以侮辱性言论，引发了网友对安某某、乔某某的口诛笔伐。安某某因承受不住网络暴力的痛苦而自杀，常某一等人也因此受到了法律的制裁。"枪响之后，没有赢家！"当网络暴力带来的汹涌民意逐渐平息，两个家庭早已物是人非。

👤 案例回放

2018年8月20日，在德阳某游泳馆中，安某某与一个13岁男孩在游泳过程中发生了身体碰撞。随后，男孩朝着安某某的方向做出了吐口水的动作。同在泳池中的安某某的丈夫乔某某看到这一情景后极为愤怒，迅速"教训"了这个男孩，将他的头按入水中并给了他一记耳光，同时进行了严厉的训斥。接着，男孩的家长常某一与安某某、乔某某发生了激烈争吵。被劝开后，常某一查看了游泳池的监控录像，并与安某某在女更衣室发生了肢体冲突。

第二天，常某一等人分别前往乔某某和安某某的单位，要求处理两人。常某一在乔某某的单位公示栏中拍摄了乔某某的个人信息，还通过公众号获取了安某某的个人信息截图。他们将乔某某、安某某的个人信息与游泳视频相关联，并配上带有侮辱性的标题，然后通过网络把这些内容传播给其他人和媒体记者。同时，他们还在网络上发布了情绪化、侮辱性的标题、文章和评论。由于乔某某和安某某夫妻俩"公务员""医生"的职业标签，再加上常某一对泳池视频冲突的描述，这一事件瞬间吸引了大量关注。网友们对乔某某、安某某的谩骂和诋毁如潮水般涌来。在此期间，乔某某、安某某通过他人与常某一联系协商，但未能达成和解。最终，安某某因不堪负面舆论带来的精神压力，在 8 月 25 日吞服了大量安眠药，自杀身亡，结束了自己年轻的生命。

乔某某悲痛万分，将常某一等人告上了法庭。2021 年 8 月，法院判决被告人常某一等人利用信息网络平台煽动网络暴力公然侮辱他人，致被害人安某某自杀身亡，情节严重，构成侮辱罪。常某一被判处有期徒刑一年六个月。

📑 案例分析

在当今数字化时代，网络暴力已经成为一个严重的社会问题，这种暴力行为经常出现在一些备受关注的事件当中。与线下暴力直接造成的人身伤害不同，网络暴力是通过发布、传播信息损害他人名誉、尊严等人格权益的语言暴力。网络的虚拟性和匿名性使人们更容易采取激烈和过激的言辞，这些网络暴力信息被迅速通过社交媒体、论坛等渠道传播给更多人。一条恶意的评论、图像或视频可以在短时间内被"滚雪球"式地广泛传播，形成恶性循环。辱骂、恶意评论、人肉搜索、群体攻击等多样化的网络暴力形式可能对个人的声誉、隐私和心理健康造成严重影响，进而导致受害人"社会性死亡"，甚至引发精神失常、自杀等严重后果。而网络暴力往往不仅仅是一次性的事件，它可能长期存在于网络空间，对受害者造成长期的困扰和伤害。

本案是一起由网络暴力引发严重后果的事件。起初，常某一和安某某、乔某某只存在线下的矛盾冲突。为了发泄不满情绪，常某一将乔某某和安某某的个人信息与游泳视频相关联，并配上带有负面贬损、侮辱色彩的标题，然后通过网络将这些内容传播给其他人和媒体记者，引导网友谩骂、贬低、指责，形成网络暴力，最终导致安某某因不堪负面舆论带来的精神压力而自杀。《中华人民共和国刑法》第二百四十六条规定了侮辱罪的构成要件。常某一利用信息网络平台公然侮辱他人的行为构成了侮辱罪，被判处有期徒刑一年六个月，实属罪有应得。

目前，在惩治网络暴力的立法和执行层面仍然存在一定的缺陷，国家对此高度重视。2023 年 9 月 25 日，最高人民法院、最高人民检察院、公安部联合发布《关于依法惩治网络暴力违法犯罪的指导意见》，其中指出，对于网络暴力违法犯罪，应从严惩治，让人民群众能充分感受到公平正义。这充分体现了国家解决网络暴力问题的决心。

🔒 **为您支招**

1. 提升公众对网络暴力的认识，广泛开展宣传教育活动，向公众普及网络暴力的潜在危害和恶劣影响，从而增强公众对网络暴力的警觉性和防范意识。

2. 为受害者提供安全、便捷的举报和支持渠道，同时提供心理咨询和援助服务，帮助他们有效应对网络暴力带来的心理创伤。

3. 在遇到网络暴力时，受害者要及时通过截图、记录等方式保存相关证据，包括攻击性言论、辱骂信息、恶意评论等，以便在后续维权和举证时使用，并及时寻求法律援助。

五、短视频诋毁同行 商业诋毁需担责

随着短视频的兴起和发展，越来越多的商家将网店开到了短视频平台上。他们通过制作富有创意、有趣的短视频来吸引客户，促进销售。然而，也有一些不良商家把"拉踩"同行当作"流量密码"，抓住同行的瑕疵，不遗余力地编造各种"黑历史"。但是互联网并非法外之地，这些不良商家并不能"为所欲为"，恶意抹黑同行构成的不正当竞争行为是要负法律责任的！

👤 案例回放

林某是福州市甲服装店的经营者，在一家短视频平台注册了账号，拥有约 13.5 万名粉丝。然而，近半个月以来，林某发现许多下游商户纷纷要求退款，这让她感到非常困惑。直到某天，林某收到了一些退款客户的消息，内容大致为："听说你们店铺要倒闭了，赶紧给我退款！"这些客户还转发了一些链接给林某。林某这才恍然大悟，原来这一切都是经营乙服装店的竞争对手黄某在背后搞鬼。

2022 年 6 月下旬，黄某通过乙服装店、其担任法定代表人的某公司注册的三个短视频平台账号，陆续发布了一些涉及林某和甲服装店的负面视频。视频中，黄某声称"林某割韭菜""资金链一断就跑路""收钱之前所有允诺过的东西都没有做""退款的数额达几百上千万""林某的行为后果是踩缝纫机"。这些言论明显是对林某及其服装店的刻意诋毁与贬低。此外，黄某多次进行直播活动，并组建聊天群，持续散布与林某的服装店有关的虚假和误导性信息，还煽动林某店铺的下游合作商闹事。一些被误导的下游合作商提出提前终止合同，部分商户甚至提出退款要求，导致林某流失了很多客户，交易成本增加。

2022年6月23日，林某联系律师给黄某及其店铺发送律师函并抄送至电子商务平台，要求停止侵权行为。但是黄某拒不认错，声称没有编造、夸大或渲染网友被骗的经历，客户退款是因为对林某的服务不满，自己也并未通过这种方式来获取自身竞争优势。

协商未果后，林某一纸诉状将黄某及其作为法定代表人的公司、乙店铺、电子商务平台告上了法庭，要求停止侵权行为、赔偿损失、发布道歉声明。经法院审理，黄某的一系列行为足以被认定为商业诋毁。法院判决黄某及其作为法定代表人的公司、乙店铺停止侵权行为，并在案涉短视频平台账号、微信朋友圈连续三十日刊登经法院审核的道歉声明，赔偿原告八万元。

📖 案例分析

在当今数字化时代，网络商业诋毁案件的数量日益增多，给商业环境带来了严重的负面影响。诋毁商誉型网络谣言是指未经企业等相关主体证实，在网络上广为传播并对企业的商誉造成诋毁的信息。这种谣言不仅会给受害者造成经济损失，还会扰乱公平竞争的市场环境，降低消费者对互联网商业信息的信任度。

竞争是市场发展的动力，能够推动市场的繁荣发展，但不正当竞争却会破坏市场秩序，侵害市场主体和消费者的权益，甚至使市场陷入混乱和无序的状态。《中华人民共和国反不正当竞争法》第十一条规定："经营者不得编造、传播虚假信息或者误导性信息，损害竞争对手的商业信誉、商品声誉。"本案中，黄某作为服装行业的经营者，其经营范围与林某的服装店相近。作为同行业的竞争者，黄某的身份不同于普通的消费者，在发表言论时应承担更高的注意义务。然而，黄某却在短视频中通过伪造事实、进行片面性陈述及误导性陈述等方式，对林某的商业行为发表不当言论，使林某的商誉严重受损。黄某的行为违背了基本的商业道德，超出了商业评价的合理边界，因此足以认定其构成商业诋毁。

经营者和相关公众固然享有对商业活动进行评价的言论自由权利，但商业言论与普通民众的日常言谈并不等同。这种言论直接影响着公众的消费选择，进而对经营者的经济效益产生深远影响。

随着数字技术的不断发展，很多商家纷纷把网店开到了抖音、小红书等新媒体平台上，宣传方式更加多样化。商家们借助直播、粉丝群等渠道和客户建立实时、直接的联系，产品的销售也突破了时间和空间的限制。而在这种网络环境下，商业诋毁也呈现出了一些新的形态。一些不法商家通过直播或短视频发布对竞品的误导性负面评价，利用虚假的评论和评分来攻击其他商家的产品，甚至借助具有影响力的自媒体或新闻平台散布虚假信息和谣言。更有甚者，通过匿名举报或无根据的曝光来恶意破坏商家或企业的声誉。这些不正当竞争行为不仅损害了商家的利益，而且从长远来看，还严重影响了整个行业的健康发展，使得市场这块"蛋糕"逐渐缩小。

🔒 **为您支招**

1. 同行业的竞争者之间，在对他人商品进行对比或者批评时，应坚守客观、真实和中立的原则，遵守法律法规和商业道德，不能为了谋取私利而损害他人商誉、误导公众。

2. 作为商家，应密切关注网络上出现的负面信息和诋毁内容。一旦发现，应及时采取行动进行回应，积极维护自身形象和声誉。

3. 平台在面对商业诋毁行为时，应建立有效的举报机制，并尽快对举报内容展开真实、全面的调查，及时删除虚假和诽谤内容。同时，平台方还应提供申诉和复审机制，确保受到商业诋毁行为影响的用户可以请求重新审查。

六、被"男友"散布私密照 女子崩溃轻生

互联网的快速发展给人们提供了广阔的信息交流空间，但是网络平台绝不是发泄私愤的场所。在网络上公开他人的私密照片、隐私，并进行辱骂、诋毁等行为，不仅违背了公序良俗，更构成了违法犯罪。本案件中，一男子在"女友"提出分手后，产生了"得不到就毁掉"的想法，在网络上散布"女友"的裸照和视频，导致"女友"不堪其辱，最终服毒自尽，酿成悲剧。

👤 案例回放

男子岳某和女子张某本是同村村民，从 2014 年开始，张某便瞒着自己的丈夫，偷偷和岳某保持着不正当的男女关系。在两人交往期间，岳某多次拍摄了张某裸露身体的视频和照片。2020 年 2 月，张某决定断绝与岳某的联系，回归家庭。岳某多次求和被拒后，对张某怀恨在心，便产生了报复心理。他在自己的朋友圈和某手短视频平台上发布了张某的裸体照片和视频，并将其发送给了张某的家人。

看到自己的不雅照片被传播，张某第一时间联系岳某，要求他删除，但是却遭到了岳某的无情拒绝。张某随后向该短视频平台举报了岳某，岳某的账号被封禁。但是岳某仍不死心，他很快重新申请了账号，继续传播张某的裸照和带有侮辱性文字的照片。这些视频和照片在该短视频平台上的浏览量达到了 600 多次，其中包含的侮辱性信息在网络上迅速传播，给

社会造成了恶劣的影响。

岳某的疯狂行为不止于此，他还多次通过电话和微信骚扰、挑衅张某的丈夫。面对岳某无休止的侮辱和巨大的精神压力，张某不堪重负，最终选择了服毒自杀。

2020 年 7 月 6 日，张某的丈夫向公安机关报案。检察院审查后认为，应以侮辱罪追究岳某的刑事责任，而且应适用公诉程序追诉，并于 7 月 20 日对其批准逮捕。证据显示，本案涉及的视频和照片在网络上的浏览量分别为 222 次、429 次。该事件在当地造成了恶劣的社会影响，严重扰乱了社会秩序。最终，法院以侮辱罪判处岳某有期徒刑二年八个月。

📖 案例分析

随着互联网信息技术的发展，网络社交平台也逐渐具备了公共空间的属性。某些网民法律意识淡薄，为了泄愤，经常通过文字、图片、视频等方式侮辱、诋毁他人。网络信息传播速度快、散布范围广的特点，导致网络侮辱行为产生的后果难以消除，这不仅会对被侵害人造成严重伤害，也会影响网络秩序的稳定。

就本案件而言，首先，岳某拍摄和散布张某的裸露视频和照片，侵犯了张某的隐私权，违反了《中华人民共和国民法典》第一千零三十二条的规定。其次，岳某在发布视频和照片时夹带侮辱性的文字，对张某进行了诽谤和贬低，损害了张某的名誉权，违反了《中华人民共和国民法典》第一千零二十四条和《中华人民共和国刑法》第二百四十六条的规定。根据法律规定，侮辱他人行为恶劣或者造成被害人精神失常、自残、自杀等严重后果的，可以认定为"情节严重"。在此案中，张某不堪网络侮辱，最终选择了自杀，属于严重后果的情况。因此，岳某的行为构成侮辱罪。最后，岳某散布的侮辱信息点击量大，在当地引发了广泛议论，已经造成了恶劣的社会影响，严重扰乱社会秩序，该事件符合法律规定的"严重危害社会秩序和国家利益"的情形，因此当地人民检察院、人民法院对此案件采取了公诉程序。该案件被提起公诉也能够向社会明确昭示此类行为是不被法律所容许的，从而增强公众对法律的信心，引导公众树立正确的网络行为观念，避免类似的事件发生。

🔒 **为您支招**

1.网络平台应当加强对用户发布内容的审核与管理，一旦发现涉及侮辱、诽谤等不法行为，应立即删除相关内容并封禁相关账号，以迅速阻止侵权行为的蔓延。

2.公民个人应增强网络安全意识，避免泄露个人敏感信息。若遇到网络侮辱行为，应保持冷静，及时通过截屏、录音、录屏等手段保留证据，并向警方报警或寻求法律援助。

3.当网络侮辱行为对个人心理健康造成不良影响时，建议积极寻求朋友、家人的支持与理解，或咨询心理专业人士，采取积极有效的应对措施，以保持身心的健康与平衡。

第七章

网络侵犯知识产权、信息网络传播权

不法分子在网络上悄悄盗取"知识"，并随意进行传播，包括抄袭网络小说、未经允许转载他人文章、分享盗版电影链接等，这些行为都是网络侵权行为。此类侵权事件屡见不鲜，例如"某音短视频"诉"某拍小视频"信息网络传播权纠纷案，成为北京互联网法院受理的第一案；"某某猫"视频聚合软件因侵犯著作权而被判定构成不正当竞争；山寨版"葫芦娃"游戏因侵犯版权而被罚款 50 余万元等。

网络信息传播首先需要获得授权，而现实中盗版侵权行为却难以得到有效遏制，正版维权难度大，作者辛苦创作的作品在网络上被随意复制转载，这不仅会打击作者的创作积极性，还会对整个行业的风气造成不良影响。

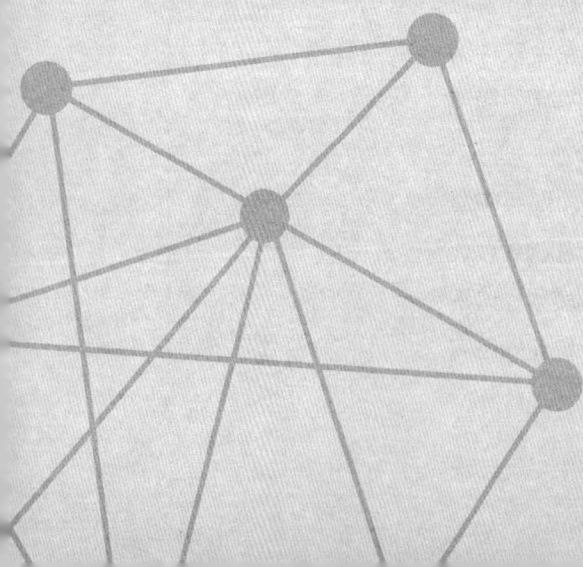

一、资源泛滥 《流浪地球》沦为"盗版地球"

随着我国电影产业的蓬勃发展以及市民文娱生活的日益丰富，每年的贺岁档电影总是会引起大家的关注。其中，2019 年上映的电影《流浪地球》更是火遍大江南北，上映第六天，票房就突破了 20 亿。然而，在这辉煌票房的背后，社交软件却意外地成为这场观影热潮中的"第二影院"，使得人们即便足不出户，也能对热映电影的剧情了如指掌。这是怎么回事呢？

👤 案例回放

在 2019 年春节期间，某些人的拜年方式有些特别，他们不再发送新年祝福和红包，而是改为发送贺岁片的盗版链接。2 月 5 日，《流浪地球》一经上映，微信和 QQ 中便立刻有人通过发送电影链接的方式来"拜年"。任意点开其中的一条链接，便能看到大量的电影资源，甚至是高清版本，连影片开始前播放的广告也一应俱全。手机家庭聊天群俨然成为不少人过年期间一起观看电影的地方。

盗版电影并不少见，但通常都是在电影下架以后才大规模传播开来。而这次《流浪地球》的盗版资源几乎与正版同步出现，其传播速度之快、规模之大，可谓前所未有。业内人士称其为"中国电影史上最大的泄露事故"。制片人还没来得及为票房大卖而高兴，就要忙着为反盗版而焦虑了。

电影上映三四天，网上已有卖家公然兜售《流浪地球》的影片资源，并声称是"高清完整版"，售价更是低至一元。有一位卖家介绍，他卖的是全网最新资源，支持 1080p 高清在线播放，画质清晰。下单后，他会直接发送观看链接，买家可以选择在线观看或下载保存。该卖家还表示，该影片来源可靠，但是可能被封，如果花费 198 元成为代理，则能够永久获取其他电影资源。当被问及电影来源时，卖家称"这个你就别管了"。

通过大数据分析，办案机关确认是公众号"雷＊影院"利用云服务器盗取链接，并随即对该公众号进行了持续的跟踪检测。在对页面内的相关被侵权影视作品进行分析鉴定后，办案机关发现全部资源均为盗取链接所得。

截至当年 4 月 16 日，该公众号仅电影《流浪地球》的累计点击量就达到了约 25 万次，另有 4000 余部电影的点击量超过 100 万次。通过周密侦查与各部门之间的相互配合，4 月 19 日，两名犯罪嫌疑人在福建省某地落网。

📖 案例分析

保护正版电影的合法权益刻不容缓。深圳市相关职能单位联合阿某巴巴集团、某讯公司、某亚公司，灵活机动，改变了传统的网络侵权行为数据证据提取方式，借助"云上稽查"数据固化见证技术对盗版链接展开全网屏蔽和拦截工作。在涉案人员尚未察觉时，他们的行踪就已经被逐步锁定。

盗版电影在网络中泛滥，网民早已习以为常。一些网民成了盗版资源传播的受益者，盗版作品的上线并未遭到大家的共同抵制，甚至有些人并不知道此类行为可能构成犯罪，将被追究刑事责任。

《中华人民共和国刑法》第二百一十七条规定："以营利为目的，有下列侵犯著作权或者与著作权有关的权利的情形之一，违法所得数额较大或者有其他严重情节的，处三年以下有期徒刑，并处或者单处罚金；违法所得数额巨大或者有其他特别严重情节的，处三年以上十年以下有期徒刑，并处罚金：（一）未经著作权人许可，复制发行、通过信息网络向公众传播其文字作品、音乐、美术、视听作品、计算机软件及法律、行政法规规定的其他作品的……（六）未经著作权人或者与著作权有关的权利人许可，故意避开或者破坏权利人为其作品、录音录像制品等采取的保护著作权或者与著作权有关的权利的技术措施的。"本案中，两名嫌疑人复制发行贺岁档电影资源，通过网络传播牟利，并且情节达到了刑法规定的标准，构成侵犯著作权罪。同时，他们的行为也违反了《中华人民共和国著作权法》第五十四条的规定。该条款明确，侵犯著作权或者与著作权有关的权利的，侵权人应当按照权利人因此受到的实际损失或者侵权人的违法所得给予赔偿；权利人的实际损失或者侵权人的违法所得难以计算的，可以参照该权利使用费给予赔偿。对故意侵犯著作权或者与著作权有关的权利，情节严重的，可以在按照上述方法确定数额的一倍以上五倍以下给予赔偿。权利人的实际损失、侵权人的违法所得、权利使用费难以计算的，由人民法院根据侵权行为的情节，判决给予五百元以上五百万元以下的赔偿。赔偿数额还应当包括权利人为制止侵权行为所支付的合理开支。此外，他们的行为也违反了《中华人民共和国网络安全法》的相关规定。由此可见，利用网络传播盗版电影是侵权行为，侵权人需承担相应的法律责任。

网络盗版资源的特点主要体现在：盗版链接资源丰富，通过网络社交平台和应用程序等渠道广泛传播，且多存在于未经备案的"三无"网站上。盗版资源屡禁不止的原因，主要有以下几点：一是公众保护知识产权的意识还有待提高，付费使用正版的观念还没有建立起来；二是受利益驱使，利用网络售卖盗版电影资源成本低、收入高，且市场需求量大；三是电影版权保护制度不完善，监管不严，技术措施不完善。

盗版电影的出现，一方面窃取了他人的辛苦创作成果，给著作权人带来了巨大的经济损失，使作品在行业竞争中处于不利地位；另一方面，盗版电影的猖獗导致票房异常减少，进一步破坏了电影市场环境。因此，打击盗版等网络侵害知识产权行为势在必行。

🔒 为您支招

1. 坚决打击盗版行为，加大惩罚力度。

2. 各大网络运营商应积极作为，通过信息水印、数字水印等技术追溯盗版来源，利用网络技术手段阻止盗版链接的转发行为，配合查找违法犯罪嫌疑人。此外，还应对电影票进行合理定价，尽可能符合消费者的承受能力。

3. 广大市民朋友应增强法律意识，支持正版电影。当面对票价上涨的情况时，大家要保持冷静，特别是在年节观影高峰期，更不能因一时冲动参与到盗版电影的传播和观看中。在转发链接、视频时，应仔细审核内容，避免因疏忽而承担侵权风险。

二、版权保护 谁偷了某左同学的"鸡汤"

某左同学原名李某东，是一个喜欢写作的男生。他经营着一个名为"某左同学"（现公众号更名为"怀左"）的微信公众号（hztongxue），主要写一些心灵励志类文章。随着时间的推移，他的公众号变得小有名气，粉丝也越来越多。偶然间，他发现有人未经同意便转载了他的作品，于是准备通过法律途径维权。"我们是注明了作者的，没侵权。"面对一纸诉状，广东某学院有些摸不着头脑，不敢相信自己竟然成了被告。双方各执一词，此事究竟该如何判定呢？

案例回放

2017年3月1日，某左同学发表了一篇文章，标题为《优秀的人，凭什么要和你在一起？》。这篇文章随即引起热议，其中"只有同等的实力，才能平等地对话"这句话更是被许多人当作座右铭。那段时间，某左同学格外忙碌，许多公众号都来找他商谈转载的问题。

2018年3月14日，他正在公众号翻看粉丝们的留言，发现许多粉丝表示他们是从某学校公众号看到这篇文章的。他有些疑惑，反复比对了合作名单，上面并没有该学校的信息，他意识到自己可能被侵权了。某左同学找到该学校公众号，发现其去年3月22日推送的内容跟他的文章竟然一字不差，也标注了他的名字跟文章出处。

对某左同学来说，侵权行为绝不能容忍。对方未经同意便转载了他的作品，也没有给任何报酬。2018 年 3 月 12 日，他出具《版权声明书》，将作品的信息网络传播权及相关权利全部转让给了某法律咨询服务有限公司，并授权该公司以自己的名义提起诉讼。

该公司查证发现，在关于这篇文章的相关发布信息中，某左同学的发布日期是最早的，基于此初步确定了这篇作品的作者是某左同学。随后，该公司通过"存证云"网页证据保全技术系统，对违法转载文章页面进行了网页证据及侵权数据保全，并据此提出诉讼。原告方准备充足，被告方广东某学院也积极回应。其公众号的负责人称，学校的公众号是为学生公益服务的免费网络平台，并非营利机构。

经审理后，法院认为：因被告未经原告许可，在其经营的公众号上转发了涉案文章，使公众可以在其个人选定的时间和地点获得该文章，其行为已经侵犯了原告对涉案作品所享有的信息网络传播权，判决被告赔偿原告经济损失及合理开支共计四千元。

📖 案例分析

《信息网络传播权保护条例》第二十六条第二款规定："信息网络传播权，是指以有线或无线方式向公众提供作品、表演或者录音录像制品，使公众可以在其个人选定的时间和地点获得作品、表演或者录音录像制品的权利。"信息网络传播权是重要的知识产权，也受《中华人民共和国网络安全法》保护。《最高人民法院关于审理侵害信息网络传播权民事纠纷案件适用法律若干问题的规定》第三条规定："网络用户、网络服务提供者未经许可，通过信息网络提供权利人享有信息网络传播权的作品、表演、录音录像制品，除法律、行政法规另有规定外，人民法院应当认定其构成侵害信息网络传播权行为。通过上传到网络服务器、设置共享文件或者利用文件分享软件等方式，将作品、表演、录音录像制品置于信息网络中，使公众能够在个人选定的时间和地点以下载、浏览或者其他方式获得的，人民法院应当认定其实施了前款规定的提供行为。"

本案中，被告方表示转发是因为文章写得优秀，想借此传播正能量，在转发时注明了作者和出处，且文章只在本校内传播，传播的范围和影响力都有限，并且已经删除不会再传播。但从法律上看，广东某学院未经某左同学同意，便在其经营的公众号上转发文章，让公众可以随时随地看到这篇文章。虽然该学院没有盈利，但仍然违反了前述规定，侵犯了原告对涉案作品所享有的信息网络传播权，应当承担相应的责任。

在新媒体浪潮下，微信公众号发展迅速，但网络侵犯知识产权的现象也日益增加，带来诸多不良影响。未经作者同意就转载其作品并发布在网络平台上，会侵害作者的网络信息传播权和获得报酬等合法权益，侵害作者辛苦创作得来的劳动成果，使原创者丧失创作激情，扰乱网络秩序，还会让作者因维权而承担各种负担。对此，有必要加强监管，建立并完善举报与惩罚机制，以有效打击网络侵权行为。

🔒 为您支招

1. 对于公众号运营者来说，法律意识尤其重要。运营者自身应熟知著作权法的有关规定，无论是转载一篇文章还是一张图片，都要征得原作者的同意，切不可想当然。分享知识是好事，但不要因为粗心大意而好心办了坏事。

2. 作者一定要有维权意识，重视网络安全，不应因时间久远、自身名气不大等因素而有所担忧，法律定会为作者主持公道。这不仅是对自己的作品负责，更是对粉丝、对行业负责。

3. 对于广大市民来说，一定要重视信息网络传播权，不要随意转发他人作品，同时应力所能及地帮助作者维权。

三、知名作家变网文裁缝 《锦绣未央》竟是抄袭之作

随着网络文学的兴盛，网文界涌现出大量的写手，他们靠写作为生。但也有人投机取巧，动起了歪心思。有人指出，一部294章的小说，涉嫌抄袭200余本小说，只有9章未抄袭，这种拼凑出来的文章竟然成了超级大 IP（知识产权，引伸为具有文化内涵和商业价值的文化产品或形象等）。某某书院签约作家周某将他人的原创作品拿去复制、拼凑，抄袭后的作品却火遍大江南北。知名作家变网文裁缝，被抄袭者又该如何维权？

👤 案例回放

周某是某某书院网站的签约作家。2013年2月，她开始发表连载小说，吸引了一大批读者的关注。此时，便出现了质疑周某抄袭的声音，但周某并不承认，宣称"如有雷同，实属巧合"。此后，她更是变本加厉，不仅抄袭语句和修饰词，还将情节原封不动地照搬，甚至整章复制。原作者纷纷找上门来，可她依旧我行我素，甚至在同年6月出版了小说前几章的实体书。

对此，某某书院网站选择了包庇纵容，表面上责令姤修改内容，实际上仍将小说放在推荐位上。三位网站老牌作家指责周某抄袭行为恶劣，网站竟处罚老牌作家，扣光了他们的经验值。2015年6月，周某与于某合作，这部拼凑出来的作品被改编成了影视剧，在各大卫视和网络平台热播，成为超级大 IP。

截至当时，这一案件可以说是有史以来抄袭比例最高、维权规模最大的侵权案件。"胆子太大了，抄袭了这么多，这是前所未见的现象，一定要制止！如果连这次都放过了，以后没人再愿意搞创作，直接把别人的作品拿来拼凑就行了。"编剧余某说道。

这部作品中，被抄袭最严重的是《身历 ** 宠不衰》的作者沈某某。她认为，对方抄袭的作品非常多，如果仅有几名作家起诉，判定侵权的内容所占比例不高，实质惩罚力度不够。为了加大维权力度，她联合另外 11 名被抄袭的作家将周某告上法庭。历经两年时间，2019 年 5 月 8 日，北京市朝阳区人民法院公开宣判，认定周某的行为构成对沈某某享有的复制权、发行权和信息网络传播权的侵害，判令周某立即停止对小说的复制、发行及网络传播行为，赔偿经济损失 12 万元及合理支出 1.65 万元。

📋 案例分析

有报道显示，改编自抄袭作品的影视剧《锦绣未央》获得了超过 200 亿的播放量，周某因此获得了高收入和高人气。然而，她将抄袭的作品呈现出来，给网络写手行业带来极大的负面影响，导致原创者的生存空间被严重挤压。实际上，这不是她第一次侵权，也不是她第一次被告。这种行为势必会对行业内部产生恶劣影响，严重制约网络文学产业及影视产业的健康发展。原作者们有苦难言，正当权益得不到保障，抄袭者反而名利双收，这无疑会严重打击创作者的积极性，导致好作品越来越少，抄袭的人越来越多。

《中华人民共和国网络安全法》第十二条规定："国家保护公民、法人和其他组织依法使用网络的权利，促进网络接入普及，提升网络服务水平，为社会提供安全、便利的网络服务，保障网络信息依法有序自由流动。任何个人和组织使用网络应当遵守宪法法律，遵守公共秩序，尊重社会公德，不得危害网络安全，不得利用网络从事危害国家安全、荣誉和利益，煽动颠覆国家政权、推翻社会主义制度，煽动分裂国家、破坏国家统一，宣扬恐怖主义、极端主义，宣扬民族仇恨、民族歧视，传播暴力、淫秽色情信息，编造、传播虚假信息扰乱经济秩序和社会秩序，以及侵害他人名誉、隐私、知识产权和其他合法权益等活动。"周某在网站上发表抄袭他人文章拼凑而成的小说，并将其当作自己的原创作品，这一行为侵害了他人的知识产权，违反了《中华人民共和国网络安全法》的相关规定，因此其应当承担败诉的结果。

这次维权活动是作家与编剧联合发起的。12位作家联名，著名编剧汪某某和余某带头发起众筹，60位编剧参与，近百名志愿者加入，还有三大律师事务所、9位律师以及十多位助理，共同组成了一支公益维权队伍。

近年来，网络文学大受欢迎，许多小说被改编成影视剧或者游戏，受到广泛关注。网络写手入行门槛低、监管力度小，写手数量虽多，但质量参差不齐。网络作品连载时间长、辐射范围广，易被抄袭，而网络侵权取证难，维权过程费时费力，导致部分作者放弃维权。本案原告的成功维权，给原创者们带来了希望，也给那些靠抄袭谋生的作家们当头一棒，起到了很好的警示作用。

🔒 为您支招

1. 作为阅读者和观众，我们在浏览文章作品时，不能简单地认为"好看就行，抄不抄袭无所谓"。我们应提高对知识产权的认知，尊重和支持原创作品，弘扬社会正气，传播正能量。

2. 对于作者来说，一定要具备主动维权意识，积极寻求法律帮助，灵活运用现今维权机制下提供的多种投诉途径，打击侵权行为。同时，要注重原创，坚决抵制抄袭行为，提高自身的写作素养和法律意识。

3. 对于公众来说，原创者历经辛苦换来的劳动成果不该被窃取，因为这是对知识的尊重，对劳动的尊重，对权利的尊重。我们每个人都应该树立正确的知识产权意识，尊重他人的劳动成果，共同营造一个尊重知识、尊重创新的社会氛围。

四、某音某拍之争 短视频"维权"风波

短视频似乎成了我们生活中的好伙伴，吃饭时看看某音，睡觉前看看某手，已经成为习惯。然而，随着短视频的日益火爆，关于短视频的纠纷也不断出现。在一个"屏幕"见面的法庭上，正是因为一则短视频，上演了一场"某音、某拍大战"——"某音短视频"诉"某拍小视频"著作权权属、侵权纠纷案，这也是北京互联网法院挂牌成立后受理的第一案。

🧑 案例回放

一则发布在"某音"上，名为"5·12，我想对你说"的短视频（以下简称"我想对你说"短视频），被一名手机用户下载后传到"某拍"上。在"某拍"上，他人可以随意下载此视频，且该视频已经去除了某音和用户 ID 的水印。某音短视频所属公司认为某拍小视频所属公司某度侵犯其信息网络传播权，因此将某度告上法庭。

"我想对你说"短视频的创作者是拥有 2000 多万粉丝的某音用户"黑某 V"，整个视频虽然只有短短 13 秒，但是作者表达的思想感情十分完整：对于"5·12"大地震的沉痛铭记，对生命的敬重和珍惜，感恩之情和美好愿景。该视频虽然在场景、主题等方面取材于 5·12 汶川大地震，但其编排、脚本、表演、后期特效等都是独创而成，制作难度大，是一种"技术流"式的作品，在某音平台的点赞量达到了 280 多万，评论 3.1 万条。法院认为，短视频具备著作权法的独创性要求，构成类电作品，因此"我想对

你说"短视频拥有"著作权"。

根据《中华人民共和国网络安全法》第十二条的规定，任何组织和个人使用网络时，不得侵害他人的知识产权。既然"我想对你说"短视频受到著作权法的保护，那么在网络上未经许可擅自传播该短视频，必然是侵权的行为，但侵权者并非"某拍"。

首先，上传视频的是某拍小视频的用户，消除水印亦不是某度公司的行为，而且某度公司作为信息存储空间服务提供者，在收到原告通知后，及时删除了涉案视频。因此，法院认为，某度不构成侵权行为，不应承担相关责任，驳回了某音短视频所属公司的全部诉讼请求，给这场"某音、某拍大战"画上了句号。

📖 案例分析

《中华人民共和国著作权法实施条例》第二条对作品做出界定："著作权法所称作品，是指文学、艺术和科学领域内具有独创性并能以某种有形形式复制的智力成果。"此次审判中，"我想对你说"短视频被认定为类电作品时考量的因素是：视频时长长短与创作性的认定不能直接挂钩。视频时间虽短，却能较为完整地表达制作者的思想感情，就有了成为作品的可能性；主题相同不代表不是"独立完成"，即便是在已有素材上进行创作，但该短视频对于素材的编排、选择等，都与其他用户的短视频完全不同，呈现给观众不一样的效果，这依旧能体现作者的创作性；短视频带给观众的精神享受，可以作为短视频具有创作性的考虑因素。

这些考量因素将短视频和《中华人民共和国著作权法》中的"作品"联系起来，所以这不仅仅是"我想对你说"的"维权"成功，也是对短视频如何构成具有创作性的作品而受著作权法保护做出了相应的界定，从而说明了短视频创作者享有著作权的相应权利。

既然"我想对你说"短视频享有著作权，那么某拍小视频的用户未经著作权人允许，对他人享有著作权的短视频作品进行上传、复制和传播的行为一定是构成侵权的，是短视频的"直接侵权行为人"，无论行为人是否存在主观过错，都必须承担侵权责任。而某音是可以向视频上传者主张权利的。某音维权负责人也曾说明：下一步，将按照本案查明认定的事实及确立的法律规则，继续追究某拍小视频用户的侵权责任。

短视频平台作为服务提供者，如果为直接侵权行为人实施侵害短视频作品著作权的行为提供必要条件，就构成了间接侵权。所以，在明知或应知用户有侵权行为发生时，平台具有"通知—删除"义务。"某拍"所属公司某度最终能够赢得这场"战争"，就是因为履行了前述义务。

🔒 **为您支招**

1.短视频创作者应意识到，自己编排和创作的短视频属于个人作品。如果在不知情的情况下，发现原创短视频被他人以营利为目的进行复制、下载和传播，并且未标明原创作者，一定要增强维权意识，及时制止他人的侵害行为。

2.作为短视频的受众，我们在分享和转发自己喜欢的短视频时，也要注意保护短视频创作者的著作权。未经著作权人允许，对他人享有著作权的短视频作品进行上传、复制和传播，并且没有法定免责事由时，都应承担侵权责任。当然，在主动保护作者劳动成果的同时，也要避免在不知情的情况下侵犯他人的权利。

3.短视频平台肩负着维护创作者权益和构建良好内容生态的双重责任。平台应设立完善的版权保护机制，对上传的短视频进行严格审核，确保作品原创性，并及时处理侵权投诉。同时，平台应建立侵权举报渠道，鼓励用户积极举报侵权行为，确保创作者权益得到有效维护。

五、视频聚合软件侵权 "某某猫"又被"抓包"

"智能电视视频应用，为亿万家庭提供海量高清视频服务：海量视频、院线大片、华语热播、娱乐综艺、精选专题、独家策划、少儿动漫、精准推荐。"视频聚合软件的出现，让人们观影更为方便。打开"某某猫视频"的官网，便能看到这样抓人眼球的介绍，让人忍不住想要把这只"猫"请到自己家的电视上"做客"，殊不知这只"猫"潜藏着极大的侵权风险。

👤 **案例回放**

所谓视频聚合软件，就是利用深度链接技术将互联网上多家视频网站的资源"链接"到同一个平台的应用。"某某猫视频"是一款由上海某某网络技术发展有限公司经营的视频聚合软件，却因为侵权问题被"抓包"。某某华视网聚（常州）文化传媒有限公司认为某某猫侵害了其信息网络传播权，于是将其告上法庭。

在网络环境下，"抓包"是指截获网络传输发送与接收的数据包。本案中，判定"某某猫"是否侵害信息网络传播权的主要技术就是"抓包"。通过"抓包"，能够调查出视频是在"某某猫"上在线播放，还是从第三方网站"链接"而来。"某某猫"若辩解自己没有侵权，就必须通过"抓包"来证明自己只是"分享"而没有"拿来"。

上海某某网络技术发展有限公司对"某某猫视频正式版 V3.1.2"播放涉案的五部影片视频时产生的数据流进行了"抓包"，结果显示，这五部影片都储存在第三方网站的服务器上，来源于拥有作品版权的网站，似乎"某某猫"只是提供了链接服务，并没有"盗取"视频。

法院明察秋毫，查明被"抓包"版本的"某某猫"与被告上法庭的"某某猫"并非同一软件版本，而是该公司开发的不同产品。面对这一事实，上海某某网络技术发展有限公司无法做出合理解释，"某某猫"最终难逃被"抓包"的命运。

2018 年 5 月 11 日，常州市中级人民法院一审判决，认定"某某猫视频"应用中提供《恐怖将映》《鬼吹灯之寻龙诀》《我只要我们在一起》《冲锋战警》《4B 青年之 4 楼 B 座》共五个影视作品在线播放服务的行为，直接侵害了某某华视网聚（常州）文化传媒有限公司享有的信息网络传播权，判决上海某某网络技术发展有限公司赔偿某某华视网聚（常州）文化传媒有限公司经济损失九万元。

📖 案例分析

随着网络安全技术的不断更新，网络盗版的"技术性"也越来越高，侵权形式不再局限于传统的"复制—传播"模式，网络版权纠纷因此变得复杂多样。网络侵犯知识产权的"隐秘性"越来越强，使得证明过程相对复杂，用户往往难以自行判断。再加上对网络资源和便利条件的需求，用户往往不会深入思考其中的版权问题。

当前，各大网站掌握的视频资源各不相同且版权分散，导致用户需要下载各种观影 App。视频聚合软件通过技术手段实现视频资源的整合，为用户提供了"一网打尽"式的便利。

然而，有的视频聚合软件却通过"盗链"方式侵犯信息网络传播权。当无法通过搜索获取网页并解析得到视频正片的播放地址时，这些软件便会通过破解网站的验证算法获取有效密钥，从而生成视频正片的播放地址。这是一种破坏网站保护视频资源技术措施的侵权行为。通过技术手段盗取资源的行为具有极高的隐蔽性，必须借助专业的技术手段才能验证其侵权事实。

值得注意的是，本案并非"某某猫"首次被告侵权。早在 2015 年 8

月，某视网就曾起诉"某某猫"避开并破坏其技术保护措施，以"盗链"形式将其享有著作权的《道士下山》等三部视频资源向公众传播，侵犯了其信息网络传播权。2016年6月，法院判决"某某猫"败诉，可见此类软件对信息网络传播权的保护形成冲击。

各大网站在资源整合以及客户广告投放方面均投入颇多，而视频聚合软件有时通过盗链对外播放视频，分流了正版网站的流量，用户绕开了广告和会员制收费，严重破坏了行业模式。《中华人民共和国网络安全法》第十二条关于任何组织和个人使用网络不得侵害他人知识产权的规定，就显得极其重要。

保护创作者的收益，也就是在保护我们享受优质作品的机会。在视频聚合软件的恶性竞争下，正版资源得不到保护，购买版权的网站利益就会受侵害，进而影响作品的版权交易，最终打击著作权人的积极性，影响我国文艺作品的创作。

🔒 为您支招

1. 作为用户，我们在享受便利的同时，要提高保护版权的意识，不能因为贪图便宜而助长网络盗版的"不正之风"。

2. 在使用视频聚合软件观看影片时，我们要注意视频播放是否直接跳过了广告部分，以及是否可以直接观看需要在其他视频网站充值会员才能观看的影视资源，从而判断软件是否可能侵犯了正版视频资源的合法权益。

3. 我们一定要抵制侵权行为，观看正版影片资源。只有支持正版，维护商家合法权益，我们才能享受到更多更加优质的影视资源。

六、葫芦娃变身战斗英雄　游戏公司被罚50余万

《葫芦娃》作为一部经典的国产动画，承载了几代人的童年记忆，葫芦七兄弟也成为中国美术电影的经典形象。然而，当看到"葫芦七兄弟被蛇妖抓走后开始了幸福快乐的生活，每天在神山之中组队练级……"这样的情节设定时，人们不禁要问：这样的葫芦娃你还认识吗？原本"翻天掀地、力大无穷"的红娃，在游戏中变成了冲锋陷阵的"战士娃"；"惊涛骇浪、气吞山河"的青娃，则变成了能冷却其他游戏角色的"法师娃"……

🔘 案例回放

信息技术已深入社会生活的方方面面，网络成为知识产权侵权的"重灾区"。网络游戏作为互联网环境下信息技术的产物，也成了众多网络侵权案件的主角。本案就是游戏侵犯其他作品改编权的一个典型案例。

《***英雄》是某青宝公司委托某跃公司开发的一款动漫英雄对战网游。在这个游戏里，七个葫芦兄弟纷纷化身成战士娃、猎人娃、牧师娃、骑士娃、术士娃、法师娃和盗贼娃，成了附带各种技能和数值的游戏角色。

虽然这款游戏中的葫芦娃有了更炫酷的"战衣"、不同于动画中的新技能，甚至还有了与动画片出入较大的背景故事，体现出了一定的独创性，但无论他们变成什么样子，都是围绕七个葫芦娃展开的。这种随意给葫芦娃披上"战衣"的行为，其实侵犯了原著的改编权。盗版葫芦娃不仅对侵权抄袭和改动正版的行为不加掩饰，还借着正版"招摇撞骗"，这种行为又

侵犯了信息网络传播权。

某游公司在其运营的某某巴士网站宣传推广《*** 英雄》时，直接以葫芦七兄弟指代战士娃系列角色，打着"葫芦娃"的旗号进行宣传，甚至在宣传图片中，还出现了"官方授权"的字样。

对此，正版葫芦娃的创作者某影厂（上海某某电影制片厂）直接将三家公司告上法庭。最终，法院判决被告三方刊登声明消除影响，某青宝公司、某跃公司连带赔偿经济损失及合理费用52.6万元，其中的7.6万元由某游公司承担连带赔偿责任。2019年4月22日，上海市版权部门发布了"2018年度上海十大版权典型案件"，其中就包括这起葫芦娃游戏形象著作权侵权及不正当竞争纠纷案。

📖 案例分析

随着国内网络游戏和电子竞技产业的日益发展，网络游戏竞争愈发激烈，用户对游戏的要求也越来越高。为此，各大游戏厂商开始想方设法吸引眼球，"抄袭"和"虚假宣传"成了游戏恶性竞争的两大手段。为了吸引用户，有时只要有一个热点出现，游戏公司便会一拥而上，不惜抄袭。

不仅是时事热点，受众心目中的经典形象也难以避免成为抄袭的对象。2017年，一款名为《** 篮球》的游戏曾因为擅自将NBA（美国篮球职业联盟）球星形象卡通化而引发官司。网络游戏作为新兴产物，想要在短时间内创作出经典的角色、故事需要耗费大量的人力物力，而抄袭葫芦娃这种经典IP则能轻易博得用户好感，让用户感到亲切，进而心甘情愿地为游戏付费。

然而，抄袭行为实质上是赤裸裸地窃取他人的劳动成果。某影厂在20世纪80年代各种技术、成本条件受限的情况下，历经艰辛万苦才创作出了《葫芦娃》这样的经典作品。如今，有的经营者为了赚钱，在网络游戏中明目张胆地侵权，艺术家们用匠人精神创作出来的成果就这样被随意窃取和修改。

《中华人民共和国网络安全法》第十二条明确规定："国家保护公民、法人和其他组织依法使用网络的权利，促进网络接入普及，提升网络服务水平，为社会提供安全、便利的网络服务，保障网络信息依法有序自由流动。任何个人和组织使用网络应当遵守宪法法律，遵守公共秩序，尊重社会公德，不得危害网络安全，不得利用网络从事危害国家安全、荣誉和利益，煽动颠覆国家政权、推翻社会主义制度，煽动分裂国家、破坏国家统一，宣扬恐怖主义、极端主义，宣扬民族仇恨、民族歧视，传播暴力、淫秽色情信息，编造、传播虚假信息扰乱经济秩序和社会秩序，以及侵害他人名誉、隐私、知识产权和其他合法权益等活动。"该规定明确了网络行为的红线——遵守宪法法律，不得侵权。但是在复杂的互联网环境下，打击盗版行为困难重重。本案的被告《***英雄》，不仅侵犯了《葫芦娃》这一部作品，还擅自使用了大量日本动漫里的角色形象，由于成本等原因，其侵权行为并未得到完全消除。

本案的判决对于保护动画影片人物角色形象具有一定的借鉴意义，某影厂积极维护了自己的合法权益。只有知识产权得到尊重与保护，我国各个文学艺术领域才能涌现出更多经典作品，推动我国文化事业不断发展。

🔒 为您支招

1.网游千万条，版权第一条。尽管有些游戏公司通过侵权手段制作出来的网游，可能在短期内极大地满足用户的新鲜感、刺激感或引起情感共鸣，但游戏创作者应明白，游戏开发领域并非法外之地。

2.作为网络用户，我们一定要经得住"诱惑"，抵制网游抄袭等侵权行为，拒绝那些靠抄袭吸引玩家的网络游戏，保护创作者的劳动成果。唯有如此，才能促使游戏公司不断改良创新，合法开发出更加精良的网络游戏，同时也能保护我们心目中的"经典"不被"污染"，推动各个文艺领域繁荣发展。

3.我们同样有责任和义务维护版权的尊严，做到不参与、不传播、不支持任何形式的侵权行为。同时，我们还应该积极举报侵权行为，让侵权者受到应有的惩罚。

第八章　网购、网络服务、域名纠纷

互联网是一把双刃剑：运用得当便是阿里巴巴的宝库，运用不当则成为潘多拉的魔盒。在我国，一方面网络发展速度惊人，截至 2024 年 12 月，我国网民规模已达 11.08 亿人，成为名副其实的网络大国。另一方面，网购骗局层出不穷，网络服务参差不齐，域名纠纷比比皆是，各种网络安全问题也接踵而至。从国家网信办成立，到"没有网络安全就没有国家安全"这一论断的提出，网络安全已被提升到新高度。《中华人民共和国网络安全法》就是自由与安全之间的平衡点，是把牢潘多拉魔盒的剑鞘，是不可触碰的红线。

网购退货遇诈骗陷阱？网购个人信息遭泄露？网购到假货却无处说理？网购卖方空手套白狼？网红攀高楼坠亡，平台为何要担责？某讯为何夺走小伙珍藏十年的域名？案例是最好的教科书，判决书是最好的清醒剂。我们通过对真实案例进行剖析，看到了象牙塔外的黑暗，但也看到了撕破黑暗的光明。本章以案说法，是对网络社会中胆大妄为者、心存侥幸者的一声棒喝，更给每个网络公民敲响了警钟。

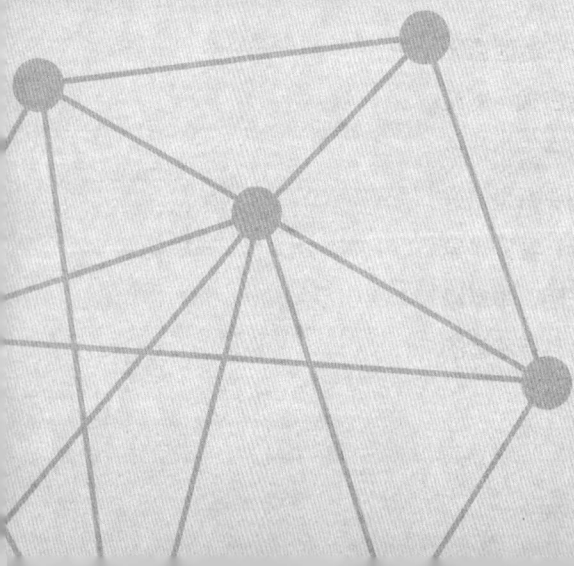

一、退货短信藏钓鱼链接　百万巨款一秒被转

随着电子商务的发展，网购在民众中的普及率越来越高，但随之而来的售后服务、物流体系等关联环节的问题也越来越多。如何在网购中保护自己的合法权益不受侵害，成为广大消费者十分关心的问题。家住深圳龙华的陈先生在某购物平台选购了一款 68 元的洗发水，却因此遭遇了巨大的损失。这究竟是怎么回事呢？

👤 **案例回放**

这一天，陈先生接到一个自称是某快递客服的男子打来的电话，称他的货物出现了异常，不小心丢失了，可以赔偿他三倍的货款。原来，陈先生购买了一瓶 68 元的儿童洗发水，可是一周过去了还没有收到货物。他接到电话后，赶紧打开手机查看了物流详情，发现自己的货物在运输中确实出现了异常，货到了深圳后又被返回了上海。由于对方对自己的订单信息了如指掌，陈先生便没有对此产生怀疑。随后，自称快递客服的男子发来一个退货链接，让陈先生把银行卡账号密码、手机号码、验证码等信息填进去，称填写后就可以把三倍货款转账给他。可是，当陈先生按照要求操作后，不仅没有收到三倍货款，自己银行卡里的 130 万元也瞬间不见踪影。陈先生大惊失色，赶紧报警，警方立即对此展开侦查。

警方很快发现，该客服发来的退货链接有问题，通过技术侦查手段，在掌握相关嫌疑人的信息后，警方成功抓获了犯罪嫌疑人。原来，陈先生

收到的退货链接实际上是一个钓鱼链接，其界面和真实退款界面几乎一模一样。受害人只要填写了银行卡账号、密码、验证码等信息，骗子就能通过钓鱼链接迅速获取这些信息，并通过网络转账将钱转走。更关键的是，犯罪嫌疑人通过非法手段窃取了陈先生的订单信息和物流信息，这使得陈先生深信不疑，从而轻易落入骗子设置的陷阱。因此，像陈先生这样因收到钓鱼链接而被骗的案件时有发生。经初步核实，该诈骗团伙的受害者多达数十人，涉案金额达数百万元。

📋 案例分析

"钓鱼链接"是指不法分子利用各种手段仿冒真实网站的 URL（统一资源定位系统）地址以及页面内容，或者利用真实网站服务器程序上的漏洞，在站点的某些网页中插入危险的 HTML（超文本标记语言）代码，以此来骗取用户的银行或信用卡账号、密码等私人资料。

《中华人民共和国网络安全法》第四十六条明确规定："任何个人和组织应当对其使用网络的行为负责，不得设立用于实施诈骗，传授犯罪方法，制作或者销售违禁物品、管制物品等违法犯罪活动的网站、通讯群组，不得利用网络发布涉及实施诈骗，制作或者销售违禁物品、管制物品以及其他违法犯罪活动的信息。"案例中的犯罪团伙利用非法钓鱼链接来窃取受害人信息进而实施诈骗，严重违反了前述法律规定，亦触犯了《中华人民共和国刑法》第二百六十六条的规定，构成诈骗罪，必须接受法律的严惩。

该团伙屡次诈骗成功的原因主要有两点，且这两点与网络特性有关：

一是该团伙通过非法途径掌握了受害人的详细信息，对受骗者购买的商品、商品物流情况、姓名、电话、住址等信息了如指掌，从而能够利用电话假装退货客服实施诈骗。该团伙组织严密、分工明确，平时住着豪宅，但作案时为了躲避追踪，会跑到深山老林里。他们中有人负责冒充客服，有人负责操作网银，有人负责取钱，还有人负责通风报信，并根据分工获得相应提成。此外，他们有专门的哨点，每个哨点一到两个人，一旦发现异常情况，会马上通过手机、对讲机通风报信。

二是受害人缺乏足够的警惕性。当受害人在电话里听到对方准确报出自己的姓名、住址、所购商品和物流信息时，一般便不会怀疑其真实性。而且，假冒的退货短信还原了真实的网购平台退货信息，令受害人深信不疑。此外，受害人出于想退货的迫切心理，未能深入分析，点进链接就立即填写相关信息，最终导致被骗。

在网络购物潮流兴起的背景下，此种网络诈骗方式为许多不法分子提供了违法犯罪的新途径。诈骗案件一旦发生，涉案金额少则几百元、多则上百万，给群众造成了较大的经济损失，滋生了社会不安定因素，对网络交易安全造成了极其恶劣的影响。

🔒 **为您支招**

1. 在官方平台进行网购退货时，不要轻信陌生的退货电话，也不要点击不明短信中的链接，一旦发现相关可疑信息，应立即删除。

2. 了解钓鱼链接的几种传播形式：一是利用电子邮件传播，多以中奖、资料确认、密码找回等理由骗取个人信息；二是利用社交平台传播，多以色情信息、快速赚钱等理由骗取银行账号密码；三是在搜索引擎、中小网站投放悬浮窗广告；四是用户在输错网址时，也可能误入钓鱼网站。

3. 检查网址、域名，例如钓鱼网站可能会把字母"I"换成"1"，"T"换成"Y"，或者漏掉字母，这是最基本的伪装形式。

4. 注意网站的内容，钓鱼网站上的字体类型与真实网站可能不完全一样，图片也较模糊，而且通常链接少，点击各栏目或图片后不会跳转。

二、某宝号被转对应手机号　公民信息遭非法泄露

随着网络和社会经济的发展，公民的个人信息俨然成为一种重要的"市场资源"。在此背景下，公民个人信息泄露现象比较普遍，泄露方式也五花八门，其中就包括利用网购漏洞进行信息泄露。田某某通过在某某贴吧上发布广告，声称可提供某宝账号批量查询对应注册手机号的服务，随后他将某宝账号转为对应手机号，非法获取并出售公民信息共计 379270 条，其中包含手机号码 334986 个。

🗣 案例回放

2020 年 6 月，田某某通过网络了解到从事某宝账号转对应手机号业务可以谋取利益，于是开始在某某贴吧上发布提供某宝账号批量查询对应注册手机号服务的广告，并留下了用于联系的微信号和 QQ 号。

2020 年 6 月至 2021 年 3 月期间，微信昵称为"天XXX""祁XX"等的几位客户联系田某某，询问其是否可以将他们手中的某宝账号转为对应手机号，田某某答应了他们的要求。然而田某某在拿到客户所提供的某宝账号后，本身并不懂如何操作，故未立即操作，而是找他人来替他完成这一项工作。田某某以每条数据 0.05~0.2 元的价格交由他人进行数据转换，随后再将获得的手机号码以每条 0.1~0.5 元的价格出售给上述客户。

通过这一操作，田某某做起了中间商，通过在某某贴吧上发布广告，于九个月的时间内赚取差价共计 20898.85 元，非法获取并出售公民信息共

计 379270 条，其中包含手机号码 334986 个。

不到一年，田某某的违法犯罪行为就败露了。2021 年 3 月 16 日，某宝（中国）软件有限公司向西安市公安局举报，称微信账号 gXXXXXc（该账号使用者为嫌疑人田某某）在某宝软件上公开售卖某宝账号绑定的手机号码，数量巨大。同年 3 月 22 日，西安市公安局长安分局接到西安市反诈中心指令核查后，发现被告人田某某有重大作案嫌疑。随后，该局刑侦大队民警对田某某展开调查询问，田某某如实供述了上述事实，后被刑事拘留。

案发后，法院认定被告人田某某通过信息网络非法获取并向他人出售公民个人信息，构成侵犯公民个人信息罪，判处有期徒刑三年，缓刑三年，并处罚金人民币三万元。

📄 案例分析

《中华人民共和国网络安全法》第四十四条规定："任何个人和组织不得窃取或者以其他非法方式获取个人信息，不得非法出售或者非法向他人提供个人信息。"田某某在明知违法的情况下，通过信息网络非法获取并在某宝上公开售卖某宝账号绑定的手机号码，侵犯了公民个人信息，违反了上述规定，应当受到法律的严惩。

非法获取并出售公民个人信息的行为之所以越来越普遍，主要是因为随着网络和社会经济的发展，公民的个人信息已成为一种重要的"市场资源"。有人想要获取更多的公民个人信息，就会有人想方设法地获取并出售这些信息。

首先，对于各大娱乐 App 而言，掌握越多、越准确的公民个人信息，其推出的服务和更新也就越能精准地满足受众需求。而对于一些不法分子而言，他们会利用获取的公民个人信息向公民发送短信或者拨打电话，进行电信网络诈骗和敲诈勒索，从而获得非法利益。其次，获取公民个人信息所需的成本和技术门槛较低，不法分子只需要一台手机或电脑即可操作。本案中的田某某就是通过在手机上发布相关广告，并利用微信和 QQ 等社交媒体联系客户，从而实施信息交易。这也给社交媒体平台的内容管理敲响了警钟，相关平台应加大监管力度，严禁一切违法犯罪内容在平台上出现。

　　另外，从受害人角度来看，防范意识不强也是不法分子非法获取并出售公民个人信息行为日益猖獗的原因之一。如果受害人在收到电信网络诈骗或敲诈勒索的短信之后，能够意识到自己的隐私信息可能已泄露并立即报警，而不是置之不理，那么不法分子的行为就会受到法律的制裁，公民个人信息被非法获取和出售的现象也会越来越少。

🔒 **为您支招**

　　1.公民在工作和生活中应严格保护个人信息，对一些不明电话和信息保持高度警惕，不要点击不可信的网址链接，不要扫描无法确认安全性的二维码，谨慎使用免费 WIFI（无线网络）。

　　2.不要在社交平台中随意透露个人信息，填写网络调查问卷时要慎重对待。在日常生活中，应妥善处理快递单、机票和车票等包含个人信息的物品。

　　3.一旦公民意识到自己的隐私信息被泄露，应立刻修改相关密码，保留证据，并马上报警或向有关职能部门寻求帮助。

三、双十一网购遇假货 维权之路一波三折

2016 年某宝双十一大促时，姜先生原本想趁活动优惠"薅一把羊毛"，却没想到新买的某品牌剃须刀被官方维修处鉴定为假货。他尝试直接联系卖家解决，却被对方恶意揣测。从某宝、某品牌官方维修中心到有关机构，姜先生的这场维权之路可谓是步履维艰。

👤 案例回放

2016 年双十一电商节期间，西安的姜先生计划买一个剃须刀。在得到商家"绝对是正品"的保证后，姜先生买了一款某品牌剃须刀。然而，用了才一个月，新剃须刀竟然不好用了，姜先生将其拿到某品牌维修中心修理，修理人员却鉴定其为假货。

姜先生第一时间联系了卖家，然而对方不仅不认账，还认为姜先生有用假货讹钱之嫌。被质疑的姜先生十分生气，于是向某宝官方进行了举报。由于超过了七天无理由退货的时限，某宝官方客服告诉姜先生，要有假货证明才能帮他维权，他需要提供以下证明中的一种：商家承认自己售假的聊天记录；由品牌方、厂家出具的鉴定真假的官方凭证；质检部门出具的质检局产品质量检验报告；工商部门出具的行政处罚决定书。

于是，姜先生来到离家三十千米的某品牌官方维修中心，工作人员确认该剃须刀为假冒产品，但拒绝出具任何凭证。某品牌官方解释称，担心带来后续麻烦，因此不会向任何个人出具书面凭证。

姜先生又来到相关职能部门，得知这把剃须刀不符合送检标准，而且取证流程烦琐、鉴定费高昂。

继姜先生举报后不久，该商家因多次售假被记者曝光，某宝平台将此网店关闭。经查，该假冒产品的发货地址是假的，发货人"王某"早已退租。经某宝调解，姜先生得到了更换后的一款新的某品牌剃须刀，总算是为他的维权之路画上了句号。

📖 案例分析

随着互联网和电商行业的迅猛发展，网购已成为人们生活中必不可少的一部分。然而，在网购给人们生活带来便利的同时，各种网购陷阱也随之频繁出现。网购俨然成了消费维权的重灾区，而网络的虚拟性与跨地域性，使消费者维权格外困难。

商家售假，不仅侵犯了消费者的合法权益，对假冒品牌的官方正品构成侵权，而且损害了电商平台的声誉，降低了网民对网购平台的信任度，扰乱了市场秩序，情节严重的甚至构成犯罪。此外，商家售假也是《中华人民共和国网络安全法》重点打击的行为之一。基于此，立法机关、司法机关、行政执法部门、网购平台等都在为打击造假售假犯罪行为做出努力，着力打造一个以诚信为本的电商市场环境。

此案中涉及的某宝平台，只是作为网络交易平台存在，既不是涉案合同的双方主体，也不是涉案商品的生产者。因此，在此类商家售假案件中，平台不必直接担责，但电商平台负有对卖家、店铺进行监督、管理、审查的义务。近年来，各平台也通过大数据打假系统不断打压制售假货链条的生存空间。

电商的迅猛兴起打破了原有商品的销售模式。网络的隐蔽性、部分网络商家未依法办理市场主体登记、针对网络售假等违法行为的强制措施存在不足等因素，都导致追责难度加大。"天下无假"是共同的目标。近年来，国家高度重视消费者维权问题，重拳整治造假售假问题。

法律法规与时俱进。修订后的《中华人民共和国消费者权益保护法》明确规定，经营者采用网络、电视、电话、邮购等方式销售商品，除特殊的几类商品外，消费者有权自收到商品之日起七日内退货，且无需说明理由，并且加大了对欺诈行为的惩罚力度。《中华人民共和国网络安全法》则对网络商业活动提出了明确的要求，对制假售假等违法行为予以严厉打击。2019年1月1日，《中华人民共和国电子商务法》正式施行。这是中国在电子商务领域的首部综合性法律，它不仅加大了对假货的打击力度，更是对电子商务市场进一步规范的重要举措。

🔒 为您支招

1. 作为消费者，我们一定要提高自我保护意识，选择官方电商平台进行购物，并具备一定的商品真假鉴别能力。

2. 要主动屏蔽虚假广告，不轻信各种促销宣传信息，避免因为贪图小利而上当受骗。

3. 网购买到假冒伪劣商品后，消费者应及时保留相关证据，借助消费者协会、市场监督管理局等多方力量，共同维护自身合法权益。

4. 电商平台要加强审查监督力度，利用大数据优势严格管控平台商户。只有各方共同努力，才能构建一个诚信的电商市场环境。

四、网购口罩遭遇诈骗　商家开出"空头支票"

　　诚信是社会关系发展的基石，完善的社会信用体系是良好营商环境的重要组成部分。网络诈骗不仅给他人造成经济损失，更侵蚀了社会诚信的根基，严重破坏社会平稳运行的基本规则和道德底线。杨先生和葛先生因急需口罩，恰巧看到郑某在微信上发布的售卖医用口罩的广告，二人合伙下单近四万个口罩，左等右等，却迟迟未见口罩，没想到郑某竟是个虚假发货的赌徒，这又该如何处理呢？

👤 案例回放

　　2020年2月10日，杨先生在微信上看到郑某发布的大量售卖医用口罩的广告。在医疗物资紧张的疫情时期，这则广告无疑为急需口罩的杨先生带去了希望。他急忙联系上卖主郑某，在仔细咨询后，杨先生虽欣喜却又带着一丝迟疑，毕竟三块钱一个口罩价格也不算便宜。但对方称有大量存货且品质极佳，并发来相关的凭证信息，迫切需要口罩的杨先生便匆匆下了单。在此期间，卖主郑某与杨先生套近乎，并承诺若再介绍一名顾客，杨先生便可以享受一定优惠，杨先生便将葛先生也介绍了过来。最终，杨先生以2.8元/个的价格购进医用三层口罩15000个，葛先生以2.8元/个的价格购进医用三层口罩21000个。杨先生和葛先生焦急等待时，却收到了物流异常的消息，因为疫情，货物可能需要延迟几天到达。两人起初没有怀疑，耐心等待了一周后，他们开始担心起来，便联系卖主郑某。郑某一开始先发送虚假发货单安抚他们的情绪，后又以各种理由敷衍、搪塞。在拖延许久未见货物后，杨、葛两人情绪格外激动，声称要投诉或报警，郑某无可奈何，陆续退给杨先生共计 27000 元，陆续退给葛先生共计 4000 元，其余钱款均被郑某拿去赌博。杨、葛两人选择报警。

2020 年 9 月 10 日，郑某被依法逮捕。在疫情防控期间，心怀叵测之人利用他人囤积防疫物资、防患于未然的心理，在没有现货和相应货源，甚至捏造信息的情形下进行网络诈骗的情况屡见不鲜。郑某归案后如实供述自己的犯罪事实，自愿认罪，最终以诈骗罪被判处有期徒刑三年九个月，并处罚金人民币 35000 元，并退赔被害人经济损失。

📖 案例分析

《中华人民共和国刑法》第二百六十六条规定："诈骗公私财物，数额较大的，处三年以下有期徒刑、拘役或者管制，并处或者单处罚金；数额巨大或者有其他严重情节的，处三年以上十年以下有期徒刑，并处罚金；数额特别巨大或者有其他特别严重情节的，处十年以上有期徒刑或者无期徒刑，并处罚金或者没收财产。……"郑某在没有现货和相应货源的情况下，拖延时间并虚假发货，利用网络诈骗他人财物，触犯了前述刑法的规定，造成了极其恶劣的社会影响，应受到法律的严惩。

在遇到突发事件或公共事件时，人们可能会放大焦虑，自乱阵脚，甚至病急乱投医。此时，平时不被轻易关注的非官方渠道，似乎变得"可利用"起来，这也给网络诈骗提供了滋生的土壤。本案例中，受害人杨先生和葛先生急需大量口罩，选择在网上购买本身无可厚非，但在焦急的情绪之下，他们没有选择具有监督责任和保障的第三方网络平台，没有衡量物资的来源和质量，不法分子便利用他们这种疏忽行骗。对此，相关职能部门应切实强化监管力度，平台方也应建立更加规范化的营销渠道，避免让用心不良之人有机可乘。

此类网络诈骗案件屡见不鲜，作案手段简单，却总有人掉进陷阱。原因在于网络交互具有不确定性，网络技术也可被不法分子用来造假、欺骗。因此，在缺乏第三方平台保障，并且与交易方没有建立足够信任关系的情况下，诈骗行为往往容易发生。另外，作案人员还善于抓住受害人群的心理。在疫情防控期间，个体获取口罩的途径受限，这加剧了个体的焦虑和恐慌情绪，加之侥幸心理作祟，使得部分人转向了交易的灰色地带。

🔒 **为您支招**

1. 消费者应通过正规渠道进行交易。如果选择从社交平台购买商品，首先需要保证信息对称，充分了解对方是否具备相应的能力和资质；其次，在汇款之前应签订相关协议，以免财货两空。

2. 消费者切勿轻易相信广告，尤其在公共事件期间应保持理性，提高信息甄别能力。不要点击陌生网站链接，也不要在陌生人发来的付款页面填写身份证号码、银行卡号码及手机验证码等信息。

3. 消费者进行交易时，应选择优质平台作为保障。目前，一些具有较高信用度和安全资质的C2C（个人与个人之间的电子商务）平台可以充当第三方监管机构，以降低交易风险。在这些平台的监管下，消费者权益能够得到保护，交易的公正性和安全性也能获得保障。

五、网红攀高楼坠亡　直播平台赔三万

"我一定是玩得最狠的那一个，"吴某某说，"因为我每天都在爬，我是在玩儿命。"没想到，"玩儿命"竟一语成谶。2017 年 11 月 8 日下午 1 时，在 263 米高、位于长沙最繁华地带的华某国际高楼，在无数粉丝的注视下，精疲力竭的吴某某攀着墙壁苦苦挣扎了 20 秒后坠亡。是什么让他将生命置于 263 米的高空中？生命最后 20 秒那无法想象的绝望又该由谁来抚平？网红攀高楼坠亡，这究竟是谁的责任？

🧑 案例回放

吴某某（微博名"极限某某"），号称国内高空极限运动第一人，他凭借无任何保护措施挑战国内各大危险景点、摩天大楼的行为而成名，拥有上百万粉丝。2017 年 11 月 8 日，吴某某在挑战攀爬湖南长沙的华某国际中心时，不幸失手坠楼身亡。

吴某某坠亡后，其家人整理他的遗物时，发现了大量他生前发布于各个网络平台的视频，内容记录着他在多个高楼上不带任何保护措施徒手攀爬的危险动作。这时，家人才了解吴某某的"工作"。

吴某某的母亲何某认为，某椒直播平台（北京某科技有限公司旗下的视频直播平台）对平台用户发布的高度危险性视频没有尽到合理的审查和监管义务，于是将北京某科技有限公司（以下简称某公司）起诉至法院，要求对方赔礼道歉，并赔偿各项损失共计六万元。

某公司当即表示：直播平台只提供信息存储服务，与吴某某的坠亡没有因果关系。此外，吴某某所上传的视频内容并非法律禁止内容，因此平台没有法定的处理义务。同时，吴某某凭借攀高挑战名利双收。在具备一定能力的情况下，吴某某主动发起挑战，所以平台认为自身没有主观侵权过错。

一方面，我们理解吴某某母亲的遭遇和心情。其母何某指出，吴某某坠亡时仍处于与某椒直播平台的签约期内，认为某椒直播平台对吴某某的死亡有间接的推动作用，理应承担责任。另一方面，某椒直播平台也感到委屈，认为这是他自己的选择。

在法律专业领域，法院给出了答案。2019 年 5 月 21 日，北京互联网法院一审宣判，认定某公司未尽到安全保障义务，需承担网络侵权责任，判决其赔偿原告各项损失三万元。某公司提出上诉，后北京市第四中级人民法院二审驳回上诉，维持原判。

📖 案例分析

首先，吴某某与某椒直播平台存在签约合同，且该直播平台具有营利性，与吴某某共同分享直播打赏收益。双方的权利义务关系适用原《合同法》规定，因此平台理应对签约主播承担相应的保障义务。

其次，本案的焦点在于：网络服务提供者是否需要对网络用户承担安全保障义务？法院认为，网络空间如同公共空间或群众性活动场所，存在对人身侵害的可能性。作为网络空间的管理者、经营者、组织者，网络服务提供者在一定情况下，对虚拟网络空间中的用户负有一定的安全保障义务。该直播平台作为大型网络直播平台，具有公众场所的属性。而且，该直播平台明知吴某某进行的攀高活动具有危险性，对可能造成的结果也是可以预测的，但并没有对吴某某上传的视频进行审核或删除等措施。因此，平台没有尽到安全保障义务。

再者，该直播平台在明知此类活动系危险活动的情况下，依然为吴某某提供上传视频的通道，还与之签约，以高危险活动为噱头为平台吸引用户。可以认为，该直播平台对吴某某从事此类高危险活动起到了推动作用，因此平台与吴某某的坠亡之间存在一定的因果关系。

综上，某椒直播平台未尽到网络服务提供者应尽的义务，应当给予原告一定赔偿。正所谓"不以规矩，不能成方圆"，《中华人民共和国网络安全法》的颁布对净化网络环境、规范网络行为起到了至关重要的作用。为了提高浏览量、追逐经济利益而轻视生命的行为与该法严重相违背，同时也不符合社会主义核心价值观。

网红直播平台担责，法院的判决给毫无下限追求"毒流量"的直播平台敲响了警钟。平台所追捧的"毒流量"是名副其实的"带血的馒头"，绝对不能纵容，理应永久下线。在吴某某攀爬高楼坠亡事件中，平台承担责任理所应当，若是没有平台的推波助澜，悲剧本可避免。吴某某本人更应该对自己的生命负责，为了博眼球制造噱头，不惜搭上生命，实在是可怜又可悲。

🔒 **为您支招**

1. 直播平台应担负起责任，严格落实实名认证制度，认真筛选审核内容，甄别不合法规的情形，对违规账号进行封号处理，并及时注明危险提示。

2. 应提高网络主播的准入门槛，注重培养主播的品行素质，鼓励他们制作高质量、高水平的视频内容，积极传播正能量。

3. 用户不应怀着猎奇心理观看违规内容，心中应有一把衡量是非的尺子，一旦发现违规内容应及时举报，支持健康、正能量的作品，共同维护网络安全。

六、争议十年　某讯终于拿下域名

2018 年 4 月 23 日，"某讯获得 fuckqq 域名仲裁案胜利"，存在了十年的奇葩域名终于归入某讯名下，这一消息也迅速刷屏。一石激起千层浪，有人指责："某讯太霸道！域名都可以免费从注册人手里夺过来，真是有钱能使鬼推磨。"但也有人表示："骂人的域名不应该被注册。"某讯究竟是依法维权，还是"有钱任性"呢？

案例回放

2009 年，当时我们对互联网产品的知识产权保护意识还相对薄弱。某讯此阶段的发展模式是"借鉴"，即借鉴其他产品的创意和模式，再由某讯自己研发产品，这种做法受到部分互联网创业者的声讨。从事 IT 行业的徐某某是声讨者之一，他的声讨方式颇为奇特：注册了一个名为"fuckqq.com"的域名。

2012 年，奇某 360 与某讯爆发了一场商业大战，舆论热度高涨。徐某某在此背景下，将"fuckqq.com"的跳转页面直接指向奇某 360 的官方网站，使得这个一直访问量低迷的域名突然火了，浏览量高达 5 万 IP/ 日。大家都以为这个域名是奇某 360 故意给某讯难堪，奇某 360 创始人周某某不得不出面澄清与该域名无关，还一度表示要封杀该域名。

"3Q 大战"后，周某某没有追究这个恶作剧，某讯也因忙于转型以及树立良好形象而未追究，但"fuckqq.com"却有些得寸进尺。

2017 年，徐某某发表了一篇名为《致歉周某某，我是如何挖坑让数千万网友冤枉他 7 年大揭秘》的文章。文章名为致歉，但挑衅味十足，文中也透漏出对某讯的偏见，浏览量达 90 多万，"fuckqq.com"再次走入大众视线。

几乎同时，"fuckqq.com"变身成为售卖成人情趣用品的电商网站，名为"发 Q 网"。徐某某在网站首页写道："发 Q 是什么？发现生活的情趣。qq 是情趣的缩写，fuckqq.com 为情趣而生。"

2018 年 2 月 12 日，某讯向亚洲域名争议解决中心（香港秘书处）发起仲裁请求，指出该域名带有攻击性，希望免费获得"fuckqq.com"的域名并将其雪藏。2018 年 4 月 23 日，专家组做出裁决，支持了某讯的请求。收到仲裁结果后，徐某某表示："十年从生到死，该域名见证了一段波澜壮阔的互联网历史，也算不枉此生。"至此，这个与某讯"纠缠"了近十年的奇葩域名退出了历史舞台。

📖 案例分析

域名遵循先到先得的原则，合法域名受法律保护，但超越法律底线必然会受到制裁。域名对于企业具有重要的标识作用，规范域名服务、保护域名安全也是《中华人民共和国网络安全法》的应有之义。

域名被仲裁的三大要素包括：1. 争议域名与投诉人享有权利的商标或服务商标相同或具有混淆性；2. 被投诉人（域名持有者）对争议域名不享有权利或不具备合法权益；3. 争议域名的注册或使用存在恶意。依据上述三要素对此仲裁案进行分析：

第一点，域名"fuckqq.com"完整包含了 QQ 商标，该域名与某讯商标具有混淆性，且"fuck"作为通用词汇在此处也不具有区分争议域名与 QQ 商标的效果。因此，争议域名符合被仲裁的第一要素，且涉及商标侵权。

第二点，争议域名持有者在注册前知道或应该知道"fuckqq"的含义，且该域名诞生于对某讯的声讨之时，明显带有侮辱讽刺某讯的意味。徐某某将"发 Q 网"解释为"发现情趣"，但这并不能作为善意使用此域名的合理理由。另外，域名"fuckqq"及"发 Q 网"的知名度很大程度上是通过

"蹭 QQ 商标的热度"获得的，域名持有者对争议域名不具有合法权益。从构成上看，"fuckqq"可拆分为"fuck + qq"，"fuck"是侮辱性词语，而徐某某以"发现生活的情趣"作为解释，难以让人信服。

第三点，争议域名被用作电商网站，其持有者利用 QQ 商标推广自身业务，存在为获取商业利益诱导消费者的企图，或者有利用 QQ 商标的知名度引诱网民增加该域名浏览量之嫌。再者，该域名本身带有攻击性、侮辱性，侵害了 QQ 商标的声誉。因此，争议域名属于恶意使用。

目前的网络环境相对宽松且自由，本应是网民学习、休闲的好场所。然而，部分网民道德水平较低、法律意识淡漠，为了出名不计后果，在网络中故意进行恶搞或者宣扬低俗的价值观，这种行为贻害无穷。《中华人民共和国网络安全法》明确规定，国家倡导诚实守信、健康文明的网络行为，任何个人与组织使用网络应当尊重社会公德，不得侵害他人合法权益，这为整治网络恶搞、低俗行为提供了法律依据。

🔒 为您支招

1.不要注册和使用与某些著名商标等存在严重相似性的域名，以免侵犯知识产权。

2.不要在域名对应的网站上发布具有误导性的内容，也不能利用域名从事违法活动。域名的使用不应给相关方造成不良影响。

3.ICANN（互联网名称与数字地址分配机构）将"抱有出售、出租目的注册域名"视为判断域名是否为恶意注册的标准之一。如果注册了有争议性的域名，并在域名信息中标注"出售"字样，一旦被提起仲裁，可能会失去该域名。因此，不要给自己的域名明码标价，也不要表现出明显的出售意图或出租目的。

4.不要用虚假的数据信息注册域名，域名注册应该使用真实资料。ICANN 有权收回由虚假用户注册的域名。

第九章　网络黑色产业链、网络信贷

你是否发现，当囊中羞涩之时，立即就有美其名曰"低利率无抵押"的网贷服务来"贴心"询问？你是否注意到，你的网络小店莫名多了数条差评，买家轮番索赔，搞得你筋疲力尽？你是否苦恼，因不实文章被迅速传播而遭千夫所指，对方强硬不删，令你处境艰难？你是否烦躁，在心仪的招聘平台上看到高薪岗位，应征时却被要求多次交费？你或许还没意识到，自己已经成了"网络黑恶势力"的砧板之肉！

套路贷、网购差评敲诈、网络水军、黑中介……网络技术竟沦为犯罪分子手中的提线木偶，传统黑恶犯罪网络化，新型网络黑恶犯罪滋生，呈现出组织团伙化的态势。越来越多的人在信息网络下迅速集结，仿佛出席一场"假面舞会"，暗中布下天罗地网。网络世界，繁花与稗草共生。自2018年1月全国打响"扫黑除恶"之战以来，公安部已将大量网络杂草连根拔起，但"革命尚未成功，同志仍需努力"。

罪恶团伙网络聚，黑恶势力成患久。网贷"流派"知多少？黑恶势力藏何处？明法律，引为戒，且看案例来分析。

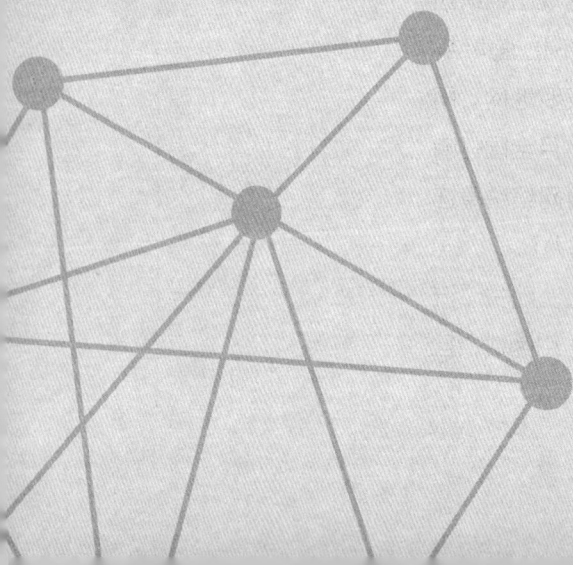

一、现实版《孤注一掷》 犯罪团伙获刑

2023 年，电影《孤注一掷》的上映引发社会热议，其剧情与现实中马鞍山警方历时三年成功破获的一起特大网络赌博案高度相似。据了解，该网赌团伙发展了万余名会员，涉案资金流水高达 45 亿元。经过不间断的调查和审理，2023 年 9 月 4 日，该案终于迎来了终审判决。16 名涉案犯罪分子因开设赌场罪被判处有期徒刑，同时，2200 余万元的非法获利被予以没收，上缴国库。

👤 案例回放

2020 年，马鞍山市公安局高新分局警方发现了一个网络赌博案的线索。案件的主角周某曾因一次电信诈骗而在赌博网站上输掉了大量资金。这次打击让周某心有不甘，他决定出境寻找赌博网站的"研发"途径和"致富"之道。不到两年时间，周某便成了赌博网站的代理老板。

周某在赌博网站的运营上可谓下足了功夫，他不仅挑选了当下最刺激的赌博游戏，还模仿了一些彩票类的消费模式，通过送券、返点等优惠来吸引赌客。他的犯罪团伙采用了"传销式"的经营模式，在中国境内大肆发展下级代理，通过"流水提成""亏损返点"和"工资"等形式获取非法利益。

专案民警从资金流水中发现，周某团伙下级数万人的交易数据呈现出的结果表明，参与赌博的赌客全部处于亏损状态。同时，由于赌博中融入

了电信诈骗的手段，即使赌客在赌博网站中赢了钱，平台也会根据实际情况冻结赌客账户里的钱，导致赌客即使账户有钱也无法及时提现。

为了扩大市场并发展下级代理，周某又动员国内亲朋好友加入，用"传销式"经营模式在中国境内大肆发展下级代理，大肆攫取非法利益。该犯罪团伙非法获利2200余万元，发展会员万余名，涉案流水高达45亿元。

在充分掌握了该团伙的犯罪证据后，警方决定立即开展收网行动。2021年9月7日，专案组分为7个小组在湖北、辽宁、江苏、浙江等地进行了第一次集中抓捕行动，共抓获了在境内从事赌博网站代理的违法犯罪嫌疑人10名。2022年2月15日，专案组再次调集了50名警力前往长沙、衡阳、上海、太原、珠海、惠州等地展开第二次集中抓捕行动。行动中，警方查获了264万元现金、"百达翡丽"手表、"路虎揽胜"汽车以及多部手机等赃款赃物。

📑 案例分析

随着互联网的发展，越来越多的网络陷阱潜藏在我们身边。在浏览网页时，网络赌博广告随处可见。大多数赌客在刚开始时抱着"试一试"的心态，对自我约束力有着过高的预估，最终导致无法承受的结果。由于互联网具有空间跨越、即时通信及虚拟性等特点，如今开设赌场已经不再局限于传统的线下模式，利用互联网开设赌场已经非常普遍，其规模及危害亦远远超过传统模式。赌博带来的一时刺激终将成为刺向自己的利剑。

本案中，周某利用App织就了一张网络赌博的"大网"。依据《中华人民共和国刑法》第三百零三条之规定："以营利为目的，聚众赌博或者以赌博为业的，处三年以下有期徒刑、拘役或者管制，并处罚金。开设赌场的，处五年以下有期徒刑、拘役或者管制，并处罚金；情节严重的，处五年以上十年以下有期徒刑，并处罚金。"本案中，周某参与赌博并私自开设网络赌场，涉案金额巨大，还发展了大量下线，涉及人员众多，严重违反法律法规。2023年9月4日，该案终审判决，16名涉案犯罪分子因开设赌场罪被判处有期徒刑，2200余万元非法获利被予以没收，上缴国库。

网络具有虚拟性特点，犯罪行为发生于虚拟世界中，因而能够被藏匿。

大多数赌博网站都可以在后台通过精心设计、人为操控的算法设置赔率，或者直接操控赌局结果，让参赌人输多赢少。即使是号称"在线发牌"的赌场实时直播，也充斥着各种作弊手法。同时，不法分子为逃避有关部门的监管和打击，将网络赌博团伙的服务器设置在国外，这无疑增大了国家的监管难度。网络诈骗团伙层出不穷，个人要注意辨别诈骗行为。网络陷阱五花八门，在任何情况下，我们都要捂好自己的"钱袋子"，不要高估自己的自制力，不要低估骗子的套路，要从自身杜绝掉入骗局的可能。

🔒 **为您支招**

1. 广大市民朋友们，请擦亮双眼，认清赌博的巨大危害，坚决抵制赌博行为，并积极参与到打击赌博的行动中来。让我们共同营造一个健康、和谐、稳定的社会环境，让我们的家园更加美好。

2. 请避免点击涉及网络赌博的不明链接，同时，请勿出租、出借或出售任何形式的个人金融账户。

3. 加强互联网审核管理，通过强化域名备案审核机制，从源头上净化网络空间。

4. 下载全民反诈 App，它能够有效拦截部分诈骗行为。同时，我们自身要增强防诈骗意识，在官方网站浏览一些已发生的诈骗案例，以此提高自身警惕性。

二、毕业大学生深陷"套路贷" 借款千余元要还 28 万

经常在网络上看到"套路"一词，但你知道什么是"套路贷"吗？

"喂，您好！请问您需要贷款吗？我们这边可以办理无抵押贷款服务，零利息、无门槛、操作简单、秒到账！"2018 年 1 月 12 日，甘肃酒泉一位毕业不久的大学生小徐突然接到一个陌生电话，他本想挂断，却被"无门槛、无抵押、零利息"的字眼深深吸引，想到自己手头正紧，不禁动了心。

案例回放

小徐在大学时申领了助学贷款，大学毕业后，他在酒泉市找了一份工作，开始攒钱还款。就在还差 1000 多元就能还清时，他接到了一个陌生电话。对方自称是"某房服务"小额网贷公司的工作人员，告诉小徐只需提供身份证等个人信息，就可以办理无抵押贷款。于是，小徐便向对方提供了个人身份信息、手机通讯录、三个月通话记录以及亲戚朋友、单位领导的联络方式等资料来申请贷款。对方还要求小徐打印一张 1500 元的电子借条，表示需要缴纳 450 元的手续费，因此小徐实际只拿到了 1050 元钱。

当小徐想要按约还款时，却联系不上客服。等到对方终于露面，小徐却被告知还款逾期，需要支付每天 20% 以上的违约金，小徐显然不具备这样的还款能力。于是，对方向他介绍了其他网贷公司，各种网络借贷电话蜂拥而至，小徐的个人信息被彻底泄露。小徐只能无限期延长还款期限，联系更多借债平台，但借款金额以超出想象的速度递增。在两个月的时间

里，他最初借款 1500 元，之后先后偿还的借款本金就达 10 万余元，还另欠债务 18 万余元，债务总额累计达 28 万元，且这个数字还有不断翻倍的趋势。同时，小徐还遭受了各家网络借贷公司的"变态催债"，因此失去了工作，精神几近崩溃。

同年 5 月 29 日，甘肃酒泉市敦煌市公安局接到了小徐的报案，公安机关立即意识到这是一起典型的网络"套路贷"诈骗案件。酒泉警方迅速成立了"5·30"网络"套路贷"专案组，全力开展案件侦破工作。7 月 12 日，专案组在掌握该团伙成员的活动轨迹后，迅速开展收网行动，一举摧毁盘踞在 7 省 11 地市的非法网贷犯罪团伙 14 个，抓获犯罪嫌疑人 400 名，刑事拘留 181 人，缴获电脑 866 台、手机 529 部、银行卡 204 张、硬盘 391 块等，冻结涉案资金 100 余万元。经过初步侦查，该案件涉及受害人 3000 余名，涉案金额近亿元。

📖 案例分析

所谓套路贷，是对以非法占有为目的，假借民间借贷之名，诱使或迫使被害人签订"借贷"或变相"借贷""抵押""担保"等相关协议，通过虚增借贷金额、恶意制造违约、肆意认定违约、毁匿还款证据等方式形成虚假债权债务，并借助诉讼、仲裁、公证或者采用暴力、威胁以及其他手段非法占有被害人财物的相关违法犯罪活动的概括性称谓。本案中的小徐本想借钱解燃眉之急，结果却被犯罪分子利用各种非法手段莫名欠下了巨额债务。这些自诩正规的网络借贷公司，把借款人看作猎物，布下一个个连环套路，让借款人难以脱身。

"套路贷"公司往往与黑恶势力勾结，依托网络平台，以借贷公司的名义吸引借款人上当受骗，再施以暴力、威胁等非法手段，对借款人及其亲朋的身心健康、正常生活造成严重损害，甚至导致一些家庭家破人亡。根据最高人民法院、最高人民检察院、公安部、司法部《关于办理黑恶势力犯罪案件若干问题的指导意见》和《关于办理利用信息网络实施黑恶势力犯罪刑事案件若干问题的意见》，"套路贷"是扫黑除恶的重点打击对象之一。"套路贷"是违法犯罪行为，根据案情不同，构成诈骗罪、敲诈勒索罪、非法拘禁罪等。网络"套路贷"严重扰乱网络秩序，是严重违反《中华人民共和国网络安全法》相关规定的行为，对净化网络环境、构建和谐网络社会造成巨大冲击。

有许多人像小徐一样，被"套路贷"摧残得体无完肤。犯罪分子仅通过电话、网络等渠道广撒网，急需用钱的人便轻易落入陷阱，可见网络社会从不缺少尔虞我诈的现象。

这不禁令我们深思：为什么这么多的人，轻易就上了"套路贷"团伙的"贼船"呢？究其原因，首先是受害者防范意识不强，容易被花言巧语所迷惑，存在盲目自信与侥幸心理；其次，无稳定收入且无抵押财产的群体通过金融机构贷款难度较大，一定程度上导致了他们剑走偏锋；最后，有关主管部门对于网络贷款行业的监督管理仍有不足之处。

🔒 为您支招

1. 在选择贷款时，不要贪图便宜去找那些打着"无门槛、利息少"旗号的网络信贷公司，尽量选择有官方权威性的银行等正规渠道，这样更有保障，也让人更放心。要通过正规途径进行融资，不接受需要抵押个人隐私内容的借贷行为。

2. 贷款时要谨慎行事。对"无门槛、无抵押、零利息"等明显不合理的条件务必保持警觉，要记住"天下没有免费的午餐"，谨防上当受骗！

3. 保护好个人的电话号码、通讯记录、联系人方式等私密信息。一旦发现自己可能遭遇了"套路贷"，应立即报警并停止还款，拿起法律武器捍卫自己的权益。

三、恶意差评行敲诈　职业打假是个幌

忙忙活活开网店，本本分分做生意。难道这样，也会"祸从天降"？

2018年11月，深圳龙岗警方接到某网店店家吴某的报案，吴某称其遭到以差评为由的敲诈。警方随即展开行动，追踪至14省26县区。11月6日，警方破获了这起网络黑恶犯罪集团敲诈勒索案件，成功抓获35名犯罪嫌疑人。

该犯罪团伙通过"恶意差评"的方式敲诈电商平台商家非法牟利，涉及电商平台网店近200家，相关网单7900余单，涉案金额达500余万元。

👤 案例回放

犯罪集团头目蒋某曾是一名受到差评威胁的电商平台店主，然而他并未报警，也没有提出经验帮助他人，反而将此事当作了"商机"。

2018年4月，蒋某成立了"某DM联盟"网站，又利用他人身份信息注册了"湖南某信息技术有限公司"，为规模化的犯罪活动"招兵买马"。

该网站首页设有"专注于消费者权益保护"的标语，此外，"维权""反假冒伪劣"等表述也随处可见。而且，参与者需经过在线考核，得分在60分以上才能成为正式学员。

蒋某等人以"打假"之名，传授"敲诈勒索"经验。该网上联盟实行"导师"制，背后的平台老手负责"收徒"。学员需要交纳"导师"线上教学的学费，其中，"优等生"需交费2800元，被称为领英学员，在实施敲诈行为时可以使用更加高级的律师函手段；"一般生"需交费 1600 元，被称为专业学员，仅可用一般的差评手段进行敲诈。学完"经验"后，学员还要交纳"老鸟"（老手）带做的学费。"小白"（新手）们要想跟着"老鸟"进行网上实践，学费价格在 100 元至 1000 元不等。只有交了"车票"钱的"小白"才有资格参与最后的"吃货"（分钱）环节。

"你的商品没有 3C 认证（中国强制性产品认证），不给赔偿就给你打差评！"深圳的吴某收到客户消息后感到莫名其妙，自家销售的电子琴本质上是一种电子合成器，不属于电子产品范畴。他并未在意，谁知对方"死磕到底"，工商部门多次前来检查，他还收到了白纸黑字的律师函。吴某多次尝试和对方沟通，之后在"中间人"的斡旋下，最终支付了原价 3 倍的"赔偿金"。

吴某成了犯罪团伙"上车"（跟单）的目标。敲诈初期，先由个别人出面，以差评为由来要挟；接着采用"轮番轰炸"策略，向工商部门集体举报；最后亮出律师函。而所谓的"中间人"与律师函，不过是蒋某在中间"和稀泥""扮老虎"。他虚设事务所，制作假公章，通过变换身份来达到敲诈勒索的目的。当然，假的真不了，犯罪分子最终的结局还是锒铛入狱。

📄 案例分析

《中华人民共和国网络安全法》第四十六条规定："任何个人和组织应当对其使用网络的行为负责，不得设立用于实施诈骗，传授犯罪方法，制作或者销售违禁物品、管制物品等违法犯罪活动的网站、通讯群组，不得利用网络发布涉及实施诈骗，制作或者销售违禁物品、管制物品以及其他违法犯罪活动的信息。"

蒋某以"职业打假人"之名创办非法网站，用于传授犯罪方法，并在网络群组中传播犯罪信息，此行为违反了《中华人民共和国网络安全法》的相关规定；同时，蒋某假冒律师事务所之名伪造公章，其行为涉嫌伪造公司、企业、事业单位、人民团体印章罪。其犯罪集团以非法占有为目的，威胁网络电商平台商家，强行索要财物，已经构成敲诈勒索罪。该犯罪集团成员使用黑话联络行动，对店家进行骚扰敲诈，具有网络软暴力特征，属于《关于办理黑恶势力犯罪案件若干问题的指导意见》中规定的"组织或雇佣网络'水军'在网上威胁、恐吓、侮辱、诽谤、滋扰的黑恶势力"。一方面，恶意差评的虚假性会误导消费者的判断，侵害消费者和商家的合法权益；另一方面，买卖双方不对等的局面会破坏互联网市场的公平交易秩序，污染电商平台经营环境，阻碍经济发展。

案例中的网络敲诈勒索行为大多打着"打假"的名号招募人员。该群体中有不少兼职大学生或家庭主妇，究其根本原因，他们是为了追求经济利益。另外，不了解此类行为的法律性质也是他们成为"帮凶"的一大原因。除通过差评要挟进行敲诈勒索外，较大的犯罪团伙往往还会使用假冒的律师函。在本案中，犯罪嫌疑人抓住了以下几点：一是网店店家担心店铺信誉值下降、购买率降低，迫切想要删除差评；二是店家因产品本身质量存在问题而心虚，进而自乱阵脚；三是网络给人蒙上了一层"面纱"，店家不清楚买家身份，担心遭受暴力恐吓，不敢贸然报警；四是"多一事不如少一事"的思维习惯作祟，打官司要耗费的时间和金钱让店家望而却步；五是店家缺乏法律意识，对这种行为的性质界定不清晰。太多人的"知情不报"，使得恶意差评这一黑恶产业不断壮大。

🔒 为您支招

1. 快钱易赚需谨慎，天罗地网在身后。选择兼职时要擦亮双眼，寻找正规平台和工作，切勿成为网络黑恶势力的帮凶。

2. 差评举报是常态，索要钱财超界限。在网购时遇到质量问题或者介绍漏洞的情况，属正常现象。身为消费者，有打差评和向有关部门举报的权利，但是恶意差评并索要钱财就涉嫌敲诈勒索。

3. 质量心中一杆秤，敲诈勒索难横行。电商平台的店家应保证产品质量，将所有说明标注清楚，如此便有足够的底气与犯罪分子抗衡。

4. 手握法律来护航，网络安全记心间。遇到类似情况要及时报警，拿起法律武器，切勿向敲诈恶势力低头，否则只会让对方变本加厉。

四、网络"大V①"欺世盗名　以文敲诈牟取暴利

　　"你们只看到我的一个面，看上去好像是公平正义的，其实背后是有个人功利的目的，直接让我辜负了各位粉丝的信任。"镜头里的男人眼神低垂，坐得规规矩矩。几个月前，陈某还是西装革履的知名自媒体人，然而2018年7月7日湖南警方的一则通告撕破了陈某的正义面具。通告称"破获一起'以网牟利'，大肆进行非法经营、敲诈勒索等犯罪活动的案件，犯罪嫌疑人陈某已被公安机关依法采取刑事强制措施"。那么，自媒体平台究竟是如何获取暴利的呢？

👤 案例回放

　　陈某出生于湖南省一个穷困的农村家庭，他曾自费在某大学法学院学习，后从事新闻工作，先后在多家媒体任职。然而，他因发布假新闻、实施敲诈等问题相继被开除，直至后来搭上了自媒体的快车。

　　他开设了21个自媒体账号，其中以"某人观察"系列最为知名。他运用法律知识分析热点、点评时政，一时间名声大噪。搜索陈某的相关词条，标签显示为：时事评论家、法治人物、职业新闻人。曾因涉假而被开除的污点，竟被他包装成维护新闻自由而被解职的辛酸史，履历还在，经历却被他洗白，成为他玩转网络、左右逢源的"名片"。

---

①大V：指在新浪、腾讯、网易等微博平台上获得个人认证，拥有众多粉丝的微博用户。

李某是湖南省邵东县的人大代表。一次，她在一场讲座上结识了讲课嘉宾陈某，并加了对方的微信。不料两个月后，陈某不仅删除了李某的微信好友，还将矛头对准了她。两篇题为《湖南省邵东县黑心人大代表李某草菅人命 再添新坟》《"墓地事件"后 湖南邵阳又发代表丑闻 中小学生在邵东县委抗议人大代表草菅人命》的文章在微信朋友圈里迅速传播。原来，职工家属自愿放弃治疗后，又与陈某合伙索赔，这让李某有苦说不出。迫于舆论压力，她最终支付了 32 万元的"删帖费"。

陈某还编造莫须有的"奢华扶贫报告会"，以此帮助商人施某解决投资土地问题，从中牟利 140 万元。陈某还与前妻合伙成立咨询公司，堂而皇之地开展付费咨询业务，远程咨询收费 2000 至 2 万元，面谈咨询收费 5 万至 20 万元。据湖南警方统计，多年来，陈某发文 3000 余篇，银行流水数额惊人，在全国多处购买房产。"某人观察"成了他的聚宝盆。

陈某的弟弟，一个坐过 5 次牢的小学毕业生，竟也办起了微信公众号，写起蹩脚的文章。在湖南邵东人大代表事件中，他以删帖为由向李某敲诈 2 万元。陈某的其他家人也纷纷加入，他们形成了一个分工明确的"家族式"犯罪团伙。其中，陈某负责指挥调度、管理微信公众号，并起草、发布文章；其前妻负责财务管理；情人负责代理案件，收集内部爆料，同时协助陈某管理微信公众号；其弟则负责接单、线下操作以及收集炒作线索等工作。最终，这个犯罪团伙被警方一网打尽。

📖 案例分析

在金钱的诱惑之下，陈某通过将自媒体"变现"来获取收益，并因此引发了一系列危害后果。作为媒体从业者，他摒弃了基本的职业素养与道德，做起了舆论"生意"。

2013 年发布的最高人民法院、最高人民检察院《关于办理利用信息网络实施诽谤等刑事案件适用法律若干问题的解释》第六条规定："以在信息网络上发布、删除等方式处理网络信息为由，威胁、要挟他人，索取公私财物，数额较大，或者多次实施上述行为的，依照刑法第二百七十四条的规定，以敲诈勒索罪定罪处罚。"第七条规定："违反国家规定，以营利为目的，通过信息网络有偿提供删除信息服务，或者明知是虚假信息，通过信息网络有偿提供发布信息等服务，扰乱市场秩序，具有下列情形之一的，属于非法经营行为'情节严重'，依照刑法第二百二十五条第（四）项的规定，以非法经营罪定罪处罚：（一）个人非法经营数额在五万元以上，或者违法所得数额在二万元以上的；（二）单位非法经营数额在十五万元以上，或者违法所得数额在五万元以上的。实施前款规定的行为，数额达到前款规定的数额五倍以上的，应当认定为刑法第二百二十五条规定的'情节特别严重'。"

陈某以非法占有为目的，通过要挟受害者强行索要公私财物，其行为构成敲诈勒索罪；同时，他以获利为目的，有偿提供写帖、删帖服务，虚构不实信息，该行为构成非法经营罪。此外，陈某及其家族成员实施团伙犯罪，形成以敲诈勒索为主要手段的黑恶势力，符合最高人民法院、最高人民检察院、公安部、司法部《关于办理利用信息网络实施黑恶势力犯罪刑事案件若干问题的意见》规定的黑恶势力要件。

陈某的犯罪行为也暴露出了一定的社会问题。首先，个人难以抵挡金钱诱惑，缺乏自我约束能力。其次，在"买与卖"的交易中，虽然常言"一个愿打一个愿挨"，但部分受害者却抱有妥协放任的消极态度。更有甚者，部分人借文字之便进行恶意炒作，书写虚假美名，成为犯罪行为的帮凶。再次，自媒体平台存在随意性强、准入门槛低的问题，缺乏必要的监管和约束。最后，网络的发展虽然让话语权得到普遍实现，但对公众的判断力提出了更高要求。读者容易因庞大的粉丝量而迷失方向，盲目相信所谓"大V"，且容易被煽动情绪。

为规范网络行为，自 2017 年 6 月 1 日起，国家开始实施《中华人民共和国网络安全法》，其中第十二条第二款规定："任何个人和组织使用网络应当遵守宪法法律，遵守公共秩序，尊重社会公德，不得危害网络安全，不得利用网络从事危害国家安全、荣誉和利益，煽动颠覆国家政权、推翻社会主义制度，煽动分裂国家、破坏国家统一，宣扬恐怖主义、极端主义，宣扬民族仇恨、民族歧视，传播暴力、淫秽色情信息，编造、传播虚假信息扰乱经济秩序和社会秩序，以及侵害他人名誉、隐私、知识产权和其他合法权益等活动。"针对自媒体乱象，国家网信办于 2018 年 10 月开展专项行动，依法处置 9800 多个自媒体账号，对相关平台进行约谈，提出整改措施，净化网络环境。

🔒 **为您支招**

1.需要更加重视自媒体的力量，加强地域监管和分级监管。同时，建立健全网络信息信用体系，加大对利用网文实施恶意敲诈行为的惩处力度。

2.各大网络平台需要完善自媒体平台准入制度，规范平台管理；制定自媒体平台内容审查方案，使违反法律的不良内容无法传播；完善各项信息实名制度，以便追踪黑恶信息的源头。

3.公民个人要记住，不轻信网络"大V"，务必保持理性思考。在媒体平台不可发表不正当言论，应谨慎使用舆论监督权，切勿以敲诈牟利的方式触碰法律红线。在线上要守法，必要时用法律武器维权。

五、高薪招聘藏陷阱　黑恶暴力背后狂

"招聘司机：月工资一万八，五险一金加双休。"某网络求职平台挂出了这样的"高调"招聘广告。高薪、保险，实在令人心动。2017 年春节过后，又有无数人背起行囊，离开家乡，带着对未来的憧憬踏上求职之路。此时，江苏省苏州市高新区马运路某某号，祥和秀丽的太湖东畔，一栋楼的六楼办公室里，电脑前的十几个人心怀不轨，蠢蠢欲动，准备收网……

👤 案例回放

在网络招聘平台上，一则"招聘司机：月工资一万八，五险一金加双休"的信息吸引了陈某的目光。面试过程很顺利，工作人员随后告知陈某，安排工作需要交纳 4000 多元的体检费、餐卡费、服务费和油卡费。陈某付钱后，却迟迟未接到上班通知，意识到自己受骗的他，便想去把钱要回。

招聘人员不但甩给陈某一张自愿放弃工作的协议，还派两名保安将他一顿猛打。殴打过后，陈某被推上了一辆开往山上的车，对方威胁道："我们掌握了你的个人信息，不想家人出事你就报警吧。"陈某在招聘平台提交的个人信息成了对方威胁的筹码，最终，陈某被迫签署了放弃工作协议，只拿了 20% 的退款。

四个月里，江苏省苏州市虎丘区警方接连接到虚假网络招聘受害者的报案，随即调动人员展开调查。

经调查，这是一家名为"苏跃"的人力资源公司，该公司主要从事中介业务。由于经营不善，公司濒临倒闭。转机出现在 2017 年，公司职员吴某发现了一款可以持续在网上发布招聘信息的外挂软件，他便冒用其他公司名义在某同城、某姓网等平台大量发布自编的招聘信息。应聘者实地应聘时，吴某等人再以网络平台收集汇总的个人信息相要挟，或以暴力相威胁，勒索应聘者钱财。公司职员一起编造职位，以人头数计算提成。凭借这套手段，"苏跃"公司竟起死回生，业务"蒸蒸日上"。由于贪慕钱财，有的人选择留下来与他们一起挣黑心钱，于是这个黑恶团伙越发壮大。

2018 年 11 月 23 日，尹某等 19 名恶势力犯罪集团成员因诈骗罪、寻衅滋事罪一审被法院分别判处六年零五个月至七个月不等的有期徒刑。部分被告人提起上诉，2019 年 1 月 11 日，江苏省苏州市中级人民法院裁定驳回上诉，维持原判。至此，尹某犯罪集团最终自食恶果。

📖 案例分析

以尹某为首的犯罪团伙冒用其他公司名义，在网上发布虚假招聘信息，这一行为越过了"为劳动者介绍用人单位、提供人力资源管理咨询服务"的经营范围限制。他们虚构收费项目，骗取他人钱财，以恐吓或轻微暴力相威胁，实施敲诈勒索，成了名副其实的网络"黑中介"。

如今，网络改变了人们的生活、学习与工作模式，网络招聘平台因其更新快、针对性强的特点，受到求职者尤其是年轻用户的青睐。然而，网络的虚拟性也使得信息错综复杂、真假难辨。大量虚假招聘信息在网络上流通，给应聘者造成了显著障碍，也破坏了网络和人力资源管理秩序。人们对网招行业的不信任感加剧，这成为产业衰退的催化剂。此外，犯罪团伙掌握个人信息数据，对公众的隐私安全带来隐患，其恶意威胁、敲诈勒索行为危害人们的生命安全和财产安全，阻碍社会健康有序发展。

人们容易陷入应聘陷阱的原因主要有两点。一方面，用户缺乏足够的警惕性，过于信任网络平台的审核能力；同时，求职者对"高薪"的热衷也使他们迷失了方向。另一方面，网络招聘平台具有成本低、交流快、范围广的特点。过多的平台限制可能会减少用户数量，这不仅会影响平台的收益，还可能让竞争对手获得客户，因此有的平台就会放宽信息审核制度。

这两点正好被犯罪分子利用，他们采用"广撒网多捞鱼"的策略，借助网络传播速度快、受众范围广的特点，加速犯罪信息的传播。

在案件审理期间，法院向某同城网站发送了司法建议并得到积极回应。平台复函表示，未来将强化网站审查管理职责，加大对企业客户资质的信息审核力度。《中华人民共和国网络安全法》第四十六条也对网络信息发布做出明确规定："任何个人和组织应当对其使用网络的行为负责，不得设立用于实施诈骗，传授犯罪方法，制作或者销售违禁物品、管制物品等违法犯罪活动的网站、通讯群组，不得利用网络发布涉及实施诈骗，制作或者销售违禁物品、管制物品以及其他违法犯罪活动的信息。"本案中，犯罪嫌疑人冒用其他公司名义进行招聘，利用虚假的高薪工作招聘广告寻找受害者，并欺骗受害者交纳费用，此行为已构成犯罪。技术本身无罪，但要警惕那些心怀罪恶、滥用技术的人。

🔒 **为您支招**

1. 网络招聘平台需提供真实可靠的信息，实施平台实名登记制度，坚持定期审核检查，建立不良信息发布黑名单制度，将违规者记入失信名单，加大对发布虚假招聘信息行为的处置力度。

2. 公民应了解网络招聘平台负有资质审查的义务。若平台未尽其责，或者故意纵容虚假信息发布，公民可以依法追究平台相应的法律责任。

3. 作为网络求职人员，求职时应选对途径，仔细考量网络平台信息的真伪，切莫单纯相信表象。高薪可能是骗子的圈套，特别是当对方要求先付费时，极有可能是陷阱。应聘前应提前做好准备，保护好个人信息，若发现是招聘骗局，应主动运用法律武器捍卫自己的合法权益。

六、境外投资诈骗 犯罪集团"杀猪盘"

2019 年 5 月份以来，罗某等人在柬埔寨成立专门从事电信网络诈骗的犯罪集团，在国内招聘"键盘手"前往柬埔寨的诈骗窝点，针对中国境内居民实施"杀猪盘"诈骗。他们惯用的手法是冒充成功人士，取得受害人的信任，然后诱骗被害人到其公司控制的某些 App 进行投资充值，并以各种理由使受害者无法提现，从而实施诈骗。华某便是受害人之一。面对不法分子以投资名义骗取钱财、诈骗事件频发的情况，我们该如何应对？

🔵 案例回放

2019 年 5 月份以来，罗某（绰号"C 罗"）、"达达"（身份暂不明）等人在柬埔寨成立了专门从事电信网络诈骗的犯罪集团，雇佣被告人施某（绰号"熊猫"）、"陈某某"（身份暂不明）、"林某"（身份暂不明）作为公司主管，在国内招聘"键盘手"前往柬埔寨的诈骗窝点，针对中国境内居民实施"杀猪盘"诈骗。

严某甲、彭某甲、樊某、杨某等人经被告人施某介绍，加入柬埔寨公司成为"键盘手"，并被分成若干小组。各小组由组长带领，成员通过冒充成功男士，在各类聊天软件上添加受害人，以谈恋爱的方式取得被害人信任，然后诱骗被害人到其公司控制的"某某国际""某某平台"等 App 上进行投资充值，并以各种理由"卡死"被害人账户，阻止其提现，从而实施诈骗。被告人施某作为主管，负责管理、督促各组实施诈骗，并按照诈骗总金额的一定比例提取提成。

2019 年 8 月至 10 月，彭某甲经被告人施某介绍成为公司"键盘手"。彭某甲通过"某陌"软件找到被害人华某，双方互加微信进行聊天。在逐步获取被害人华某的信任后，彭某甲伙同他人诱导华某在其公司控制的 App 上投资充值，先后骗取被害人华某人民币五万元。

被告人施某归案后如实供述自己的犯罪事实，并自愿认罪认罚。江苏省沭阳县人民法院认为被告人施某犯罪情节严重，其行为已构成诈骗罪，但鉴于被告人如实供述自己的罪行，依法予以从轻处罚，判处其有期徒刑三年，并处罚金人民币二万元，并责令被告人施某与同案关系人退赔被害人损失。

📖 案例分析

"杀猪盘"是所谓"信任骗局"的一种类型，诈骗实施者利用电信及网络信息技术来捏造虚拟形象，以此获得受害者的信任，进而与受害者建立亲密关系，最终达到骗取公私财物的目的。

首先，施骗者在网络上开设社交账号，发布虚假信息，将自己精心包装，建立"猪圈"；其次，在社交平台上挑选受害人目标，即"选猪"；再次，与受害人建立情感连接，进行"养猪"；从次，怂恿受害人参与一系列虚假项目，称为"切口"；最后，在给予受害人小额回报后，诱骗其进行大额投资，并卷款潜逃，即"杀猪"。由此可见，杀猪盘具有组织严密、产业链完整、施骗周期长、受害人数多、涉案金额高、跨境运作等特点。投资诈骗"杀猪盘"相较于其他诈骗方式，具有更大的危害性。网络信息技术的发展为行骗提供了便利，"人设"营造出的虚假形象增加了欺骗性、跨境运作又使得抓捕难度骤增，导致犯罪者长期逍遥法外。此外，"杀猪盘"诈骗还可能涉及情感欺诈和心理操控，对受害人造成严重的心理伤害。因此，我们要高度重视，避免公私财产损失。

《中华人民共和国网络安全法》第四十六条规定："任何个人和组织应当对其使用网络的行为负责，不得设立用于实施诈骗，传授犯罪方法、制作或者销售违禁物品、管制物品等违法犯罪活动的网站、通讯群组，不得利用网络发布涉及实施诈骗，制作或者销售违禁物品、管制物品以及其他违法犯罪活动的信息。"

《中华人民共和国刑法》第二百六十六条规定："诈骗公私财物，数额较大的，处三年以下有期徒刑、拘役或者管制，并处或者单处罚金；数额巨大或者有其他严重情节的，处三年以上十年以下有期徒刑，并处罚金；数额特别巨大或者有其他特别严重情节的，处十年以上有期徒刑或者无期徒刑，并处罚金或者没收财产。本法另有规定的，依照规定。"

本案被告人施某利用电信网络诈骗他人财物，数额巨大且情节严重，其行为已经违反了《中华人民共和国网络安全法》第四十六条规定，触犯了《中华人民共和国刑法》第二百六十六条规定的诈骗罪，应当以诈骗罪追究其刑事责任。但鉴于被告人施某归案后如实供述了自己的罪行，根据我国刑法规定，可以从轻处罚。

🔒 **为您支招**

1. 谨慎添加陌生好友。网络世界"滤镜"严重，真假难辨、虚实难分。在网络交友过程中，一定要保持戒心，不要过度透露自己的信息，以免给对方留下可乘之机。

2. 涉及资金问题，需要格外谨慎。要为自己设一道安全防线，即在网聊交友中，一旦触及投资、购物、借钱、转账等关键词，就要立即进行自我警示。在没有真正确定对方身份及用意时，切勿进行钱款操作。

3. 了解"杀猪盘"案例和话术，增强反心理操纵意识，提防不明来意的"接近"。在上网时，如果发现类似迹象的网站或者联系方式，也可以进行举报。宁可信其有，不可信其无，等待相关人员的检查，将风险扼杀在萌芽状态。

当前，未成年人和老年人正逐步成为诈骗犯罪的重点对象。诈骗行为不但造成他们财产的损失，还给他们带来巨大的心理压力，危害其身心健康，同时也影响正常的公共秩序和社会的和谐稳定。

犯罪分子利用未成年人自我保护意识薄弱、甄别网络信息能力不足的特点，多以未成年人沉溺网络游戏为契机实施侵害。他们还利用一些教育软件暗藏色情诱导内容，甚至对未成年人实行网络猥亵。这些行为给未成年人和其家庭造成严重的经济损失和身心伤害，同时也给未成年人留下了心理阴影。

老年人在生理、心理、经济、文化和教育等诸多方面具有特殊性。作为刚刚步入数字时代的"移民"，老年人处于网络技术的弱势层面，对于网络虚假诈骗信息的甄别能力严重不足。犯罪分子紧盯老人的养老钱和治病钱，常以投资养老产业、销售保健产品、提供老年人医保服务、进行老年婚恋等为幌子，对老年人实施侵害。老人离岗后主要依靠积蓄和退休金来维持生活，风险承受能力较低，一旦遭受经济损失，将直接影响其财务状况，甚至可能使其失去未来的生活保障。老年人在心理上、身体上和经济上的特殊性，使他们从受害中恢复的能力愈发不足。网络侵害严重损害了老年人的经济利益和身心健康，甚至危及老年人的生命，影响社会稳定和经济发展环境，不利于社会主义和谐社会的构建。

因此，应提高未成年人和老年人的网络甄别能力，大力普及《中华人民共和网络安全法》，提升他们自我预防和自我保护的意识，避免他们遭受网络侵害。

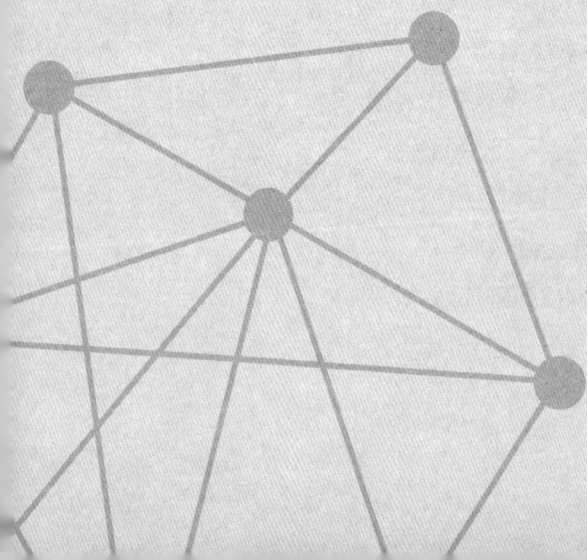

一、知名学习平台陷入争端　黄色信息从何而来

随着我国经济的不断发展，教育问题越来越受到家长们的重视。因此，学习类 App 被广泛应用于青少年的学习生活中。然而近年来，学习类 App 涉黄问题层出不穷，软色情内容充斥在人们的生活中，甚至连学习类 App 也成为其滋生的温床。可想而知，这会对未成年人会造成多么恶劣的影响。那么，学习类 App 到底能否发挥其积极作用，为孩子营造一个良好的学习环境呢？

👤 案例回放

2017 年 8 月，一场以"涉黄"为导火索的学习平台纷争在互联网上拉开了序幕。2017 年 8 月 9 日晚，某博上名为"当时某就震惊了"的营销大号首先发布了"学习类软件，不但教写黄文竟然还有约 x 信息～这个猿某导的某某搜题还真是辣眼睛"的内容。随后，部分营销大号也紧跟其步伐，发布了多条内容一致的"某某搜题 App 有涉黄内容"的微博，引爆舆论，这一事件开始大范围传播。

随后，关于某某搜题软件涉黄的报道再次出现。在 8 月 10 日的某教育电视台新闻栏目中，一位化名为"李先生"的家长声称孩子以做作业为名，在某某搜题软件上偷看黄段子。之后，几家媒体在某博上发布了相关视频和新闻报道，这使得舆论进一步发酵、扩大。

在事件引起社会舆论的广泛关注之后，某某搜题软件官方开始介入该

事件，调查涉黄内容的源头。8月11日，某某搜题官方对外发布公告，称近日有关"某某搜题"的涉黄内容均系竞争对手所为，盖为不实内容，对方以此达到攻击目的。8月14日下午，某某搜题在北京总部召开媒体沟通会，明确指控某度某某帮恶意竞争，在某某搜题应用内发布色情信息。8月17日午间，某某帮的投资方某度发表声明澄清事实。

8月22日，某度以侵害其名誉权为由，起诉某某搜题关联公司某某蓝天科技有限公司CEO（首席执行官）张某和另一家自媒体"酷某实验室"。8月24日，某某搜题对某某帮及其控股公司某度提起诉讼。至此，此次事件以两方平台互相起诉暂时淡出了人们的视野，学习类App"涉黄"问题也淹没于两家平台的舆论公关战之中。

📖 案例分析

学习类App涉黄行为的确存在，其必将受到法律的严惩。对于仍处在竞争早期的在线教育行业来说，出现这样的丑闻着实令人感到遗憾。

事实上，学习类App涉黄已经不是行业中的个别现象，尤其是在一些讨论互动版块，情况较为严重。学习类App中"黄"的来源有三点：一是App自产内容；二是转发第三方平台的内容；三是网民讨论上传的内容。

李同学是北京市朝阳区某中学的一名初二学生，他曾经使用过两款学习类App。他说："这些App中涉黄的内容比较多，尤其是最近两年比之前更多，主要集中在一些讨论区。App推送的内容中涉黄信息倒比较少见。"

在学习类App里，涉黄内容大多以软色情形式呈现，这种内容形式更隐蔽，更让人防不胜防。软色情通常被视为披着合法外衣、打着色情擦边球的内容。软色情危害未成年人的身心健康，容易诱导未成年人走向色情违法犯罪的边缘。首都师范大学心理学院教授、从事青少年性教育研究多年的张教授说："这些（软色情）信息不仅不是科学的性教育，反而会给孩子带来更深层次的伤害。"

实际上，法律从来就不承认所谓的"软色情"，涉及淫秽内容即构成违法甚至犯罪行为，法律不允许打擦边球。未成年人是祖国的花朵，是国家与社会的未来，其合法权益不容侵犯。《中华人民共和国网络安全法》第十三条明确规定："国家支持研究开发有利于未成年人健康成长的网络产品和服务，依法惩治利用网络从事危害未成年人身心健康的活动，为未成年人提供安全、健康的网络环境。"该条规定是未成年人保护专款，从鼓励开发有利于未成年人健康成长的网络产品和服务，到依法严惩危害未成年人权益的行为，都旨在为未成年人提供安全健康的网络环境。这对于净化网络环境、保障网络安全至关重要。

🔒 为您支招

1. 对在线教育领域加大监管力度。有法律专家建议：对学习类 App 设置开发和运营门槛；对此类 App 进行实名备案，并在网络上公示其运营方信息；加强动态监测，建立黑名单制度，对违规者实行终身禁入教培行业的处罚。

2.App 教育平台应加强内容审核把关，对所有内容实行"先审后发"制度；同时，要完善监管举报功能，及时处理淫秽等有害信息。

3. 家长应给予孩子更多的关爱和教育，了解孩子的心理状况。

4. 学生在使用 App 时，家长应同步下载并监看，发现有害信息应及时卸载该 App，并与相关平台沟通，要求及时查删有害信息。

二、未直接身体接触　网络猥亵亦是罪

近年来，利用网络侵害未成年人的刑事犯罪案件逐渐增多，出现了利用网络猥亵未成年人（无需直接接触身体）这一新类型案件。2018 年 11 月，中华人民共和国最高人民检察院发布了第十一批指导性案例，剑指侵害未成年人权益犯罪，骆某猥亵儿童案入选其中。在本案中，骆某并未直接接触受害人小羽的身体便实施了猥亵行为。那么，法院是如何判定骆某构成猥亵儿童罪的呢？

👤 案例回放

2017 年 1 月，23 岁的骆某用化名将小羽（化名）加为 QQ 好友。骆某通过聊天得知小羽是一名 13 岁的初二女生，但他并未因此停手，而是向小羽讨要生活照，得逞后又向她讨要裸照。这让小羽深感不适，便将其从好友列表中删除。

但事情远未结束，骆某辗转找到了与小羽同校的网友周某，迫使其向小羽施压。"他让我在 QQ 里劝小羽，不要惹怒他，否则清白不保。"周某说。与此同时，骆某还虚构了"李某"身份注册了另一个 QQ 号，以同校学姐的身份添加小羽为好友。小羽对"李某"谎称自己受侵犯的经历信以为真，又在骆某不断施压之下不得不重新添加骆某为好友。此时的骆某不仅威胁小羽发裸照，还要求她按照特定的姿势拍裸照，否则就声称要找人绑架她，恐惧不已的小羽只能乖乖照做。

裸照到手后，骆某便开始在QQ上用裸照威胁小羽，要求与她见面并开房，否则就公开照片。2017年2月中旬，在学校上了网络安全教育课后，小羽终于鼓起勇气，将自己的遭遇如实告诉了老师。2月23日，小羽向公安机关报案。3月4日，骆某在依约前往宾馆的途中被警方抓获，其手机中保存的裸照也被当场查获。

2017年8月，武汉市江汉区人民法院对骆某猥亵儿童一案作出一审判决，认为骆某威胁小羽"开房"的行为未得逞，属于犯罪未遂。因此，以猥亵儿童罪从轻判处骆某有期徒刑一年。但江汉区检察院认为一审判决错误，依法提出抗诉。检察机关认为：被告人虽未直接接触被害人，但其迫使被害人发送裸照，使被告人产生了身临其境的刺激效果，满足了其性欲目的，也严重侵害了被害女童的性羞耻心，属于犯罪既遂。二审法院经开庭审理后采纳了检察院的抗诉意见，认定骆某犯猥亵儿童罪（既遂），判处其有期徒刑二年。

📖 案例分析

北京师范大学彭教授认为，即使相隔千里，在网络上也会感觉"近在咫尺"，犯罪者可以通过视觉效果达到猥亵目的。因此，通过网络猥亵儿童并不能成为让骆某减轻责任的理由。

在本案中，骆某通过网络猥亵儿童的行为触犯了《中华人民共和国刑法》第二百三十七条第三款的规定："猥亵儿童的，处五年以下有期徒刑；有下列情形之一的，处五年以上有期徒刑：（一）猥亵儿童多人或者多次的；（二）聚众猥亵儿童的，或者在公共场所当众猥亵儿童，情节恶劣的；（三）造成儿童伤害或者其他严重后果的；（四）猥亵手段恶劣或者有其他恶劣情节的。"骆某的行为构成猥亵儿童罪。与强制猥亵罪相比，猥亵儿童罪在猥亵方式上没有强制性的要求，只要存在猥亵儿童的行为即可构成该罪。

《中华人民共和国网络安全法》第十三条规定："国家支持研究开发有利于未成年人健康成长的网络产品和服务，依法惩治利用网络从事危害未成年人身心健康的活动，为未成年人提供安全、健康的网络环境。"对于国家和社会而言，任何利用网络从事危害未成年人身心健康的活动都要予以严厉打击，骆某的行为便属于此类打击对象。只有这样才能建立安全健康的网络环境，使青少年免受不良信息的侵害。

网络猥亵具有严重的社会危害性，绝不能纵容。本案之所以成为最高人民检察院的指导案例之一，其重要意义就在于本案明确了猥亵可通过"网络途径"实施，认定网络上的这种非直接身体接触行为，等同于现实中发生的身体接触式猥亵，具有同样严重的社会危害性。该指导规则正是对未成年人保护的有力体现。

在非直接身体接触的网络猥亵案件中，由于网络自身特点以及涉及个人隐私，司法机关获取与固定猥亵行为的证据较难，导致立案存在一定难度，进而影响司法保护的效果。未成年人防范能力、辨别是非能力较弱，自我保护意识不强，极易成为不法分子的侵害对象。更何况，许多未成年人已成为"网络控""手机控"，在好奇心驱使下，他们会通过网络浏览各种各样的信息，通过社交软件与不特定的人交流甚至见面。网络猥亵具有极强的隐蔽性和广泛性，一旦通过网络实施猥亵犯罪，其社会危险性将呈几何倍数增长。这些问题都应当引起我们的高度重视。

🔒 **为您支招**

1. 学校与家长负有监护责任，因此应培养、提高未成年人的自我保护意识，提高他们识别风险的能力，同时引导他们正确使用网络，最大限度避免遭受网络违法犯罪的侵害。

2. 家长应切实履行监护职责，避免让儿童处于无人监管和保护的状态，密切关注儿童的思想情绪变化和反常表现。一旦儿童遭遇侵害，家长应及时报警，保存好相关证据，依法维权。

3. 未成年人切勿轻信网友提供的信息资料，不要在网上泄露自己的姓名、电话号码、住址、学校等真实信息，更不要在父母或监护人不知情的情况下与网友见面。遇到困难时，要及时告知家长、老师或者报警，第一时间寻求法律的保护。

三、杀人尝"快感" 少年沉溺网络暴力游戏

"想体验一下真的杀人是什么感觉，是不是像在游戏里一样简单又有快感。"湖南武陵杀人案的凶手小唐（化名）说道。在供述杀人过程时，他思维清晰、举止平静，脸上毫无悔意，甚至回忆到某些情节时，还露出了兴奋得意的神情。这起惨案的发生令人感到心痛，而小唐的犯罪供述也让人不寒而栗。究竟是什么让年仅 15 岁的他变成了如此残忍的恶魔？

👤 案例回放

"开车到处撞，杀了人就有钱花，没车就抢一辆，特别过瘾！"一名"侠盗飞车"的玩家绘声绘色地说道，脸上流露出难以抑制的兴奋之情。

"侠盗飞车"是一款受众面广的暴力犯罪游戏，而小唐正是这款游戏的忠实粉丝。小唐从小学六年级起，便开始在乡下、县城的网吧接触各种暴力电子游戏，而"侠盗飞车"正是他最沉迷的一款暴力犯罪游戏。在游戏设置中，玩家可以扮演黑社会成员，通过撞车、杀人、抢劫等犯罪行为吸引警察，然后飙车逃逸。

长期受暴力游戏影响、沉浸其中的小唐，萌生了体验现实杀人的可怕想法。于是，在 2017 年 9 月 16 日，年仅 15 岁的小唐终于将这个可怕的想法付诸实践。当天，毫不知情的邻居小西敲响了小唐出租屋的房门。当小西在客厅中借用小唐的电脑时，小唐趁其不备，猛击小西的头部，然后掐住了小西的脖子。在小西失去抵抗能力后，他又将小西浸入水中，直至小

西身亡。其手段之残忍，令人发指！

　　小唐到案后供述，他和邻居小西其实并无任何仇怨，只是小西正好来到了他的房间，也正好满足了他心中罪恶的杀人欲望。而身为被害人的小西，死亡时年仅二十三岁。本案中，被告人小唐以暴力手段杀害受害人小西的行为触犯《中华人民共和国刑法》第二百三十二条规定："故意杀人的，处死刑、无期徒刑或者十年以上有期徒刑；情节较轻的，处三年以上十年以下有期徒刑。"其行为构成故意杀人罪，且作案时他已满十四周岁，达到刑事责任年龄，所以其必将受到法律的严惩。只是可惜小西在生命之花刚刚开放的时候便凋零了。

　　小唐走上犯罪道路的成因有很多，比如：其自身道德水平低劣、监护人失责、成长环境不良等等。然而，网络暴力游戏的影响也难辞其咎。

📖 案例分析

　　游戏作为一种娱乐方式，适度游戏能放松心情、增进友谊。然而，游戏亦有优劣之分，因此更要把握好"度"。有些入迷者把游戏当作生活的全部，在虚拟的游戏世界中寻找现世的快感，完全沉沦于游戏的激情之中，模糊了现实世界与游戏世界的界限，沦为游戏的傀儡。

　　同时，网络暴力犯罪类游戏充斥着暴力犯罪内容，其价值导向严重错误，会扭曲游戏者正确健康的价值观。而未成年人由于心智发育不成熟、辨别是非能力较弱，又喜欢追逐新鲜事物、乐于模仿，当他们长期接触网络暴力犯罪游戏时，会对暴力行为习以为常，性格变得暴躁、极端，甚至以暴力游戏中的价值观来面对现实生活。受到网络暴力游戏的错误引导，他们还会形成错误的道德观念，身心健康受到严重损害。

　　《中华人民共和国网络安全法》第六条规定："国家倡导诚实守信、健康文明的网络行为，推动传播社会主义核心价值观，采取措施提高全社会的网络安全意识和水平，形成全社会共同参与促进网络安全的良好环境。"第十二条第一款规定："国家保护公民、法人和其他组织依法使用网络的权利，促进网络接入普及，提升网络服务水平，为社会提供安全、便利的网络服务，保障网络信息依法有序自由流动。"第十三条规定："国家支持研究开发有利于未成年人健康成长的网络产品和服务，依法惩治利用网络从事危害未成年人身心健康的活动，为未成年人提供安全、健康的网络环境。"网络暴力犯罪类游戏严重违反了上述规定，危害无穷，对其必须重拳出击！

针对未成年人沉溺网络游戏的问题，很多家长和社会人士感触颇多，甚至有切肤之痛。香港理工大学应用社会科学系叶教授指出，因沉溺网络暴力游戏诱发血案的情况属于病态个案，造成血案的原因并非仅仅是沉迷于暴力电子游戏，当事人在成长过程中可能还经历过很多创伤，例如被朋辈排斥、遭受学校欺凌等。这些创伤使得他们内心积累了很多愤怒和怨恨，造成悲剧背后的原因其实相当复杂。而在本案中，我们也可以看到小唐的家庭教育存在严重缺失等情况。这值得家长、教育者以及社会各界高度关注与重视。

🔒 为您支招

1. 继续推进网络游戏"实名制"管理、网络游戏防沉迷系统建设以及绿色网游推广等措施，完善举报机制，规范网络游戏经营秩序。

2. 网络游戏开发运营单位应自觉遵守国家相关管理规定，开发运营绿色健康的网络游戏，主动阻断网络暴力游戏的生存链条。

3. 教育组织与家长应积极关注青少年的心理状态，引导未成年人树立正确的价值观。要在生活中培养孩子的兴趣爱好，避免让网络游戏成为孩子获得愉快体验的主要渠道。

4. 当遇到不良网络游戏时，可以向国家新闻出版署防止未成年人沉迷网络游戏举报平台、中央网信办（国家互联网信息办公室）违法和不良信息举报中心等平台进行投诉。

四、网购得"十倍赔偿" 机关之后又是陷阱

随着互联网的普及，网购已成为老年人群体中越来越受欢迎的购物方式。然而，老年人在网购过程中往往缺乏对网络环境的充分了解，很容易陷入精心伪装过的陷阱。除了兜售假冒伪劣产品外，施骗者还会获取订单信息，通过钓鱼网站向老年人发送虚假指示，诱使他们点击链接或下载恶意软件，而这些网站通常会进一步收集他们的个人信息，进而可能使他们遭受财产损失。

👤 案例回放

"警察同志，你们可得帮帮我啊！我银行卡里卖粮食所得的钱全都没有了！" 2023 年 3 月 24 日，张大爷走进宁津县公安局保店派出所报警寻求帮助。

"大爷，您先别着急，您慢慢说。"民警一边安慰张大爷，一边向其询问具体情况。原来几日前，张大爷觉得关节疼痛，想去医院检查一下身体，于是便变卖了家里存储的粮食，将钱存到了自己的银行卡里，想着趁空闲时间去医院做个全面检查。在午休期间，张大爷如往常一样在家观看直播。偶然间，他在浏览网络内容时，看到了一种声称能缓解关节疼痛的特效钙片。主播热情洋溢地推销着，张大爷被打动了，决定购买。他支付了 99 元，购买了六瓶这种钙片。

张大爷正沉浸在对特效钙片能缓解他病痛的幻想之中，突然接到一个

电话。电话那头的人自称是某公司保险部门的客服人员，声称张大爷近日在直播间购买的钙片存在质量问题，根据公司规定，将按照假一赔十的政策进行赔偿。在核对并确认了张大爷的订单信息后，对方表示将赔偿张大爷999元。于是，张大爷按照对方的指示，添加了客服的微信，下载了指定的 App，绑定了自己的银行卡，并按照 App 的提示输入了银行卡密码。

张大爷虽然心里有些疑惑，但一想到有十倍赔偿金，还是暗自窃喜。然而一天过去了，张大爷仍然没有收到客服承诺的十倍赔偿金，便将事情经过告诉了儿子小张。小张觉得此事有蹊跷，便查询了父亲的银行账户，发现父亲账户中的两万余元卖粮食所得的钱被不明来源扣除了。于是，父子二人赶忙前来报案。

为了早日破案，为张大爷追回财产，警方迅速冻结了涉案资金。通过大量线索排查，警方最终锁定了姚某、都某和刘某三名犯罪嫌疑人。民警当即出动，联合多个地方的公安机关，顺利将该诈骗组织一网打尽。

📋 案例分析

老年人购买药品和保健品时，往往对其功效抱有较高的期待。然而，一些不良商家利用老年人的这种心理，兜售假冒伪劣产品，并套取他们的个人信息，进而获取非法利益。在网购过程中，一些商家别有用心地在广告中夸大宣传，使得网购风险增大，以次充好、虚假发货、信息外泄等情况发生的概率都大大增加。此案中，姚某、都某和刘某等人利用老年人缺乏网络安全防范意识这一弱点，骗取了他们的信任和财产。

任何网络行为都必须在法律的规范下进行。修订后的《中华人民共和国消费者权益保护法》重点对网购中的消费者权益予以保护，并且加大了对欺诈行为的惩罚力度。《中华人民共和国网络安全法》则对网络商业活动提出了明确要求，对制假售假等违法行为予以严厉打击。此案中，直播间涉嫌售假行为。《中华人民共和国网络安全法》第四十六条规定："任何个人和组织应当对其使用网络的行为负责，不得设立用于实施诈骗，传授犯罪方法，制作或者销售违禁物品、管制物品等违法犯罪活动的网站、通讯群组，不得利用网络发布涉及实施诈骗，制作或者销售违禁物品、管制物品以及其他违法犯罪活动的信息。"姚某、都某和刘某等人的诈骗行为显然违反了上述规定，必将受到法律的制裁。不幸中的万幸是，经过民警释法说理、政策教育，犯罪嫌疑人已退赔了张大爷的经济损失。

网购诈骗是指利用网络平台或通信工具，以虚假的商品或服务为诱饵，诱使消费者付款或提供个人信息，进而侵占其财产的违法犯罪行为。网购诈骗的危害体现在多个方面：第一，受害者的信用记录、身份证明、银行卡信息等可能被不法分子利用，从而引发更多的法律纠纷和风险；第二，网购诈骗会使正规的网店和商品受到牵连，影响消费者的购买意愿和信心，降低网络交易的效率和安全性；第三，网购诈骗还可能涉及跨地区、跨国界的犯罪活动，给公安机关的侦查和打击工作带来困难，耗费大量的人力、物力和财力。

🔒 为您支招

1.提醒老年人在网购过程中切勿随意泄露个人信息，如身份证号、银行卡号、密码等，以防被不法分子利用。

2.建议老年人在网购时使用受第三方监督和保护的支付方式，如支付宝、微信支付等，避免直接向商家提供银行账户信息。

3.子女应当了解老年人的网购需求和习惯，引导他们不贪图便宜，树立正确的消费观；在老年人网购时，子女要扮演好"把关人"的角色，并保留好相关交易凭证，以便在发生纠纷或受骗后维护自身权益。

五、黄昏恋变成"黄昏骗" 小心婚恋陷阱

年近六旬的男子李某想通过网络寻找网恋对象，期望能找到一位伴侣共度晚年。然而，他误识了一名女骗子。对方使用虚假信息和手段，谎称自己离异，以单身身份与他交往，并骗取他的信任。在交往期间，该女子虚构姓名、年龄等信息，骗取了李某十万元。2022 年 4 月 6 日，十堰市公安局张湾区分局刑警大队接到报案，报案人为辖区居民李某。经过侦查，警方发现该女子还冒用了其姐姐的身份信息。确认嫌疑人身份后，4 月 18 日，办案民警在十堰城区某商场将该女子抓获。张湾警方因该女子涉嫌诈骗，依法对其采取了刑事强制措施。包裹在温情面纱下的违法犯罪行为终将受到制裁。

👤 案例回放

2022 年 4 月，湖南市民李女士发现父亲的开支突然变多，行为也变得神秘起来。经过再三追问，李女士得知了实情。

原来，两年前，李女士的父亲李大爷在某婚恋网站注册了会员，结识了一位名叫"陈某巧"的女子。两人有很多共同语言，聊得挺好，李大爷觉得对方挺适合做老伴，很快两人就发展成男女朋友关系。"恋爱"不久，"陈某巧"开始以买房交押金、看病需要花钱等借口向李大爷借钱，金额逐渐增多。为了满足"女友"的需求，李大爷除了向子女要钱，还透支信用卡给她转账。在"恋爱"期间，李大爷曾提出到"陈某巧"的工作地去

看她，被她以各种理由拒绝。直到 2022 年 4 月，再也联系不上"陈某巧"时，李大爷才意识到自己被骗了。

据李大爷的女儿介绍，在两年"恋爱"期间，李大爷共给对方转了十万元。2022 年 4 月，李大爷突然联系不上"陈某巧"了，担心她是不是出了什么事。但李女士感觉父亲的"女友"像是骗子，就带父亲到市公安局张湾区分局报了警。

经过警察的侦查，李大爷的这位"女友"原名"陈某玲"，家住郧阳区，已经结婚生子。她的丈夫和儿子常年外出务工，她便用姐姐"陈某巧"的身份资料在一家相亲交友平台上办理了入会手续。遇到李大爷之后，她谎称自己离婚了，然后以"谈恋爱"为借口，骗取了李大爷十万块钱用于生活开销，骗来的钱财早已被她挥霍一空。

📖 案例分析

"黄昏恋"骗局本质上是"杀猪盘"骗局的一种。此类诈骗主要针对独居老人，不法分子通过网络与老人发展成网恋关系后，编造各种理由索要钱财，随后拉黑对方，完成诈骗。"空巢"老人由于情感孤独、防范意识弱，极易成为网络诈骗的对象。老年人往往处于独居状态，对于情感的需求增加。同时，老年人获取信息的渠道相对较少，对于新兴的诈骗手段和方式了解不足。不法分子往往利用老人情感缺失这一弱点，以婚恋交友为名，达到骗取钱财的目的。本案中，犯罪嫌疑人"陈某玲"正是利用老年人渴求关怀的心理，以恋爱交往为借口，在建立联系的过程中使用虚假身份信息，对李大爷实施了情感以及金钱上的诈骗。依据《中华人民共和国刑法》第二百六十六条："诈骗公私财物，数额较大的，处三年以下有期徒刑、拘役或者管制，并处或者单处罚金；数额巨大或者有其他严重情节的，处三年以上十年以下有期徒刑，并处罚金；数额特别巨大或者有其他特别严重情节的，处十年以上有期徒刑或者无期徒刑，并处罚金或者没收财产。"等待"陈某玲"的必将是法律的严惩。

通过本案，我们发现老年人婚恋问题需要从个人、家庭、社会三个层面进行引导和扶助。首先，老年人自身要强化防范意识。若对方以情感为由索要钱财，一定要提高警惕、冷静思考、认真辨别，避免陷入诈骗陷阱。其次，老年人在婚恋过程中要多与子女、亲友商量，接受不同视角的建议，谨防掉入"爱情陷阱"，避免遭受财产损失。一旦遭受财产损失，一定要注意保全和收集证据，及时向公安机关报案。最后，整个社会要营造良好氛围，鼓励老年人树立正确的恋爱观念，尊重彼此的意愿和感受，避免老年人受到不法分子的利用和伤害。"黄昏骗"给老年人造成的伤害，不仅仅是金钱上的损失，更多的是心理上的创伤。老年人被骗后，往往会产生愤怒、失望、沮丧等情绪，这些情绪会对他们的身心健康造成负面影响。一些老年人甚至会因为被骗而出现抑郁、焦虑等心理问题，进而影响他们的日常生活。因此，老年人的黄昏恋应该建立在健康、平等、尊重的基础之上。

🔒 为您支招

1. 提供情感支持和社交机会：鼓励老年人积极参与社区活动，主动与同龄人交往，以此减轻孤独感、弥补情感缺失。

2. 提供安全可靠的婚恋交友平台：平台方应加强内部用户管理，甄别用户群体，使老年人能够在平台上结识志同道合的朋友和伴侣，避免其遭受不法分子的利用和诈骗。

3. 加强家庭的关爱和支持力度：家庭应营造包容、理解和支持的氛围，给予老年人充分的情感关怀，让老年人能够拥有良好的情感寄托和社交圈子。

六、两万老人中招"村推" 团伙骗取农村老人信息

"大爷，您的电子医保凭证激活了吗？""没有啊，激活了能干啥呢？""激活了方便啊，看病只需要带上手机，就可以直接报销医疗费了！""这么好呀，可我不会弄呀！""没事儿，大爷，手机给我，我帮您弄！""谢谢你呀！小伙子！你真是个热心肠！"本以为遇到了好心人，却没想到不小心陷入了"村推"（农村推广）骗局。

👤 案例回放

2022年6月，在湖北省汉川市，一个"村推"团伙在不到十天的时间内骗取了村民上万条重要个人信息。嫌疑人熊某冒充甘肃某传媒有限公司工作人员，声称能免费帮助汉川市各乡镇村民激活医保电子凭证，并利用该公司相关资质骗取了汉川市医保局的信任和支持。据了解，大部分受害者都是农村的留守老人。

该犯罪团伙采取线上线下"合作"的方式实施犯罪。他们以"客服人员"的身份使用受害者的手机号码注册京东、微信、抖音等网络平台的账号。网络平台会向受害者的手机端发送信息，现场的团伙成员则将获取的验证短信推送到钉钉群中，再由"客服人员"将验证信息输入网络平台，完成注册。整个过程只需五分钟，随后，嫌犯就会将这些账户贩卖给其他非法组织，用于开展刷单、洗钱、诈骗等违法活动，导致受害者在不知不觉中沦为"帮凶"。

长期以来，该犯罪团伙以"激活医保"等名义为幌子，在农村地区开展"村推"犯罪活动。他们骗取留守老人的信任，利用他们的个人信息注册各类网络账号 5 万余个，并将这些账号用于网购平台刷量控评、倒卖牟利等非法活动。该犯罪活动遍布乐山、广元、遂宁以及云南文山等地，侵害了约 2.2 万人的切身权益。

上述被告人因犯侵犯公民个人信息罪，被法院判处三年至六个月不等的有期徒刑，并处以二万元至四万元不等的罚金。

📖 案例分析

"村推"以协助民众建立医疗保险电子凭证为借口，通过多种方式谋取不法利益，受害者多为对智能手机操作不熟悉的老年人群体。这些老年人的个人信息一旦被泄露，极有可能成为犯罪分子进行诈骗和非法洗钱的工具。在该案例中，犯罪嫌疑人利用这些老人对网络安全、自我保护认知不足的弱点，以帮助他们下载和注册"国家医保"App 为名，在未经他们授权的情况下，获取了他们的个人信息，并用于注册网络账号、洗钱、诈骗等非法活动。

我国法律一直对公民信息予以严格保护。《中华人民共和国刑法》第二百五十三条之一规定了侵犯公民个人信息罪。《中华人民共和国网络安全法》第四十六条规定："任何个人和组织应当对其使用网络的行为负责，不得设立用于实施诈骗，传授犯罪方法、制作或者销售违禁物品、管制物品等违法犯罪活动的网站、通讯群组，不得利用网络发布涉及实施诈骗、制作或者销售违禁物品、管制物品以及其他违法犯罪活动的信息。"熊某、向某某、龚某等人违反国家规定，受到了法律的惩罚。

信息窃取类型犯罪最大的特点是其隐蔽性，信息泄露往往是在被害人毫不知情的情况下发生的。由于信息本身具有低成本甚至无成本大量复制的特点，犯罪分子可以进行多次售卖，这也导致高价值信息在泄露后传播范围广、传播速度快。一旦账号被注册，犯罪嫌疑人便会将其贩卖给其他犯罪团伙，用于洗钱、诈骗等违法活动。不法分子通过窃取他人个人信息，冒充其进行各种活动，例如银行转账、网络购物等，从而造成财产损失。

个人信息被非法获取后，还可能被用于广告推广、数据挖掘等用途，导致个人隐私泄露。此外，一些信息窃取行为也可能损害受害者的名誉，使其在社会上受到负面影响。对被害人来说，防止信息泄露的最好方法就是防患于未然，提高警惕，妥善保管私密信息。在上网时，若遇到来历不明的应用和网站索要私人信息，应第一时间拒绝，使妄图盗取信息的不法分子无机可乘。网络安全问题复杂多样，因此我们需要擦亮眼睛，辨别各种陷阱。

🔒 为您支招

1.加强网络安全教育：社区应加强对农村留守老人的网络安全教育，提高他们的防范意识，使他们了解如何保护个人信息，避免成为网络犯罪的受害者。

2.关爱老人：儿女应多关心老人，常与老人联系，减少陌生人钻空子的可能性。在与老人相处时，要耐心对待他们，向他们讲述相关的网络诈骗案例。

3.构建网络安全体系：企业平台和社会各界应携手合作，共同构建完善的网络安全体系，提高网络安全防范水平，切实保护广大网民的合法权益。